중국 문화 읽기

중국 문화 읽기

한양대학교 중국어교육위원회 편

초판 1쇄 발행 2007년 2월 15일 | 초판 3쇄 발행 2014년 3월 28일
발행인 임덕호 | 발행처 한양대학교출판부
주소 133-791 서울 성동구 왕십리로 222
전화 02)2220-1432~4 | 팩스 02)2220-1435
홈페이지 www.press.hanyang.ac.kr | 전자우편 presshy@hanyang.ac.kr
출판등록 제4-7호(1972년 2월 29일) | 인쇄처 금풍문화사

값 12,000원

ISBN 978-89-7218-312-9 93720

오디오 자료 무료 제공 MP3 www.press.hanyang.ac.kr

중국 문화 읽기

한양대학교 중국어교육위원회 편

한양대학교 출판부

책 머리에

본서는 중급 정도의 중국어 실력을 지닌 학습자를 대상으로 하여 독해력 향상에 중점을 두고 편집하였으며, 중국의 문화, 역사, 정치, 경제 등등의 다양한 분야를 섭렵함으로써, 중국어 독해 능력을 제고함과 동시에 중국문화 및 현대중국에 대한 이해도를 심화할 수 있도록 기획하였다.

매 과는 본문, 단어, 구문 분석 및 해설, 어법 보충, 연습문제, 쉼터, 그리고 상식란 등으로 구성하였는데, 각 부분을 소개하면 다음과 같다.

1. 본문

여러 분야에 걸친 주제의 본문을 통해 다양한 어휘를 접할 수 있도록 하는 데 노력하였으며, 수준 있는 중국어 문장의 독해 능력까지를 배양할 수 있도록 하기 위해, 문어체 문장들도 과감히 채용하였다.

2. 단어

발음, 품사, 의미 등을 표기하였으며, 고유명사는 따로 구분하여 독립시켰다.

3. 구문 분석 및 해설

본문 중에서 설명이 필요한 문구들을 따로 선택해서 구조 분석과 어법 설명을 보충함으로써, 복잡한 구조의 문장을 분석하고 해석하는 요령을 터득하도록 하였다.

4. 어법 보충

당해 과에서 자주 출현한 어법 사항이나, 초급과정을 마친 학습자에게 보충 설명이 필요하다고 생각되는 사항들을 골라 상세한 설명을 가하였다.

5. 연습문제

연습문제는 본문의 내용과 어휘 및 어법사항을 제대로 익혔는지 점검할 수 있는 문제들로 구성하였다.

6. 쉼터

쉼터에는 매 과마다 유머와 퀴즈를 하나씩 수록하였다. 중국의 문화와 중국식 사고, 그리고 어휘력 증진 등을 고려해서 편성하였다.

7. 상식란

상식란은 당해 과의 내용과 관련해 필요하다고 생각되는 상식을 소개하는 부분이다. 학습자들이 중국어를 접하면서 컴퓨터를 이용해야 할 경우가 많은 점을 고려하여, 컴퓨터 사용시 부딪치게 될 문제를 해결할 수 있는 내용도 첨가하였다.

본서의 말미에는 매 과 본문의 우리말 해석을 첨부함으로써, 학습자의 편리를 도모하였다.

본 교재가 이용자의 중국어 능력 향상에 도움이 될 수 있기를 바라는 마음 간절하다. 지은이들 나름대로는 유익한 내용과 체계적인 구성을 갖출 수 있도록 애썼지만, 개선할 점이 많을 것으로 짐작된다. 미비한 사항들은 차후에 기회가 닿는 대로 보완할 것이다.

마지막으로, 본 교재의 편찬 과정에서 고견을 주신 苗春梅 林丽娥 두 분 교수님께 감사드리며, 교정 작업에 힘써준 박사반의 최윤영 선생과 편집의 수고를 감내하여 준 한양대학교 출판부에도 감사를 표한다.

2007년 1월 10일 저자 일동

차 례

第1课　中国人的姓名

在中国，人们初次见面总要先问'您贵姓？''名字怎么称呼？'中国人的姓和名有什么特点呢?

姓，产生在母系社会。人们为了区别部落和家族，就把姓作为一个标记。'姓'字是由'女'与'生'二字合成的，许多最早的姓都从'女'旁，如'姬''姜'等，这说明了母系社会，人们以母亲的姓为姓。后来，生产力发展了，男子成了社会的主要劳动力，出现了父系社会，妇女也从称姓变成了称氏，如果娘家姓李，婆家姓王，她就被称为王李氏。

按照传统习惯，中国人一般姓父亲的姓。也有的姓母亲的姓，或者以母亲的姓取名，如鲁迅先生，他父亲姓周，他叫周树人，又采用了母亲的姓起笔名，叫鲁迅。

中国到底有多少姓？据说在明朝时，中国的单姓和复姓就有三千七百多个，后来渐渐少了。现在常见的单姓只有两百多个，复姓也只有六十多个了。张、王、李、赵、刘是最常见的单姓，诸葛、欧阳、端木、公孙是最常见的复姓。

中国人的姓名都是姓在前名在后。名字往往有一定的含义，表示一定的愿望，如‘富、贵、财、禄’是希望发财致富；‘康、健、松、寿’是希望健康长寿；‘栋、杰、俊、才’是希望成为有用的人才等。有的人除了小名大名以外，还有字号或者笔名。

在一个家庭中，同辈人的名字往往取一个相同的字。现在已经打破了这种限制，人们可以自由命名，名字仅仅成了一种符号。

此外，男人的名字和女人的名字也不一样，男人多以雄壮的字眼取名，如‘峰、良、栋、生’，女人多以美丽的字眼取名，如‘珍、琴、花、芬’。为了易写易记，现在单名增多了，因此在中国重名的现象也越来越多。

단 어

初次 chū cì 부 처음으로, 최초로. (=第一次)

总 zǒng 부 항상, 늘상.

呢 ne 어기사 어감을 나타내는 어기사. 이 구절에서 呢는 '어떤 사실이나 상황에 대해 알고 싶어하는 어감'을 나타냄.

父系社会 fǔxì shèhuì 명 부계 사회

变成 biàn chéng 동 변하여～이 되다. ～로 변화하다.

娘家 niáng jiā 명 ①친정. 回～ : 친정에 돌아가다. ②속가. 출가하기 이전에 집.

婆家 pó jiā 명 시가. 시집. 시댁.

按照 àn zhào 개 ~에 비추어. ~에 따라. ~대로. ~에 근거하여.

取名 qǔmíng 동 ①이름을 짓다. 작명하다. ②명성을 얻다. 명성을 떨치다.

起名 qǐ míng 동 이름을 짓다. 명명하다.

据说 jù shuō 듣건대. 전하는 바에 따르면.

单姓 dān xìng 명 외자 성. 한 글자로 된 성.

复姓 fù xìng 명 복성. 두 글자 이상으로 된 성.

含义 hányì 명 내포된 뜻, 내용, 개념.

愿望 yuàn wàng 명 희망 사항. 바람.

富贵财禄 fù guì cái lù 부귀영화. 부귀와 재록 부귀와 명예

发财致富 fācái zhìfù 돈을 벌다. 부자가 되다.

康健松寿 kāngjiàn sōngshòu 명 건강과 장수(松寿는 소나무처럼 장수한다는 뜻).

栋杰俊才 dòng jié jùn cái 훌륭한 인재

成为 chéngwéi 동 ～가 되다.

同辈人 tongbei ren 명 동년배.

字号 zìhào 명 자(字) 혹은 호(号). 상호(商号).

符号 fúhào 명 기호. 표기. 부호. 휘장.

雄壮 xióng zhuàng 형 힘차다. 웅장하다.

字眼 zì yǎn 명 글자. 어휘. 말.

易写易记 yì xiě yì jì 쉽게 쓰고 쉽게 기억하다.

增多 zēngduō 동 증가하다. 많아지다.

重名 chóngmíng 명 중복된 이름.

고유명사

鲁迅 Lǔ xùn (1881~1936) 중국 신문학 운동 시기의 문학가 사상가.

明朝 Míng cháo 명나라.

诸葛 Zhūgě (복성) 제갈.

欧阳 Ōuyáng (복성) 구양.

端木 Duānmù (복성) 단목.

公孙 Gōngsūn (복성) 공손.

구문 분석 및 해설

1. 在中国，人们初次见面总要先问'您贵姓？' '名字怎么称呼？'

'初次'는 부사로서 '처음으로', '최초로'의 뜻이다. '第一次'로 바꿔 쓸 수도 있다. '初次'의 '初'는 '第'와 함께 순서를 나타내는 조사(助词)이다. '八月初三(8월 3일)' '第一课(제1과)'등과 같이 수사(数词) 앞에 붙어 순서를 나타낸다.
'见面'은 동사이나 목적어를 수반하는 특별한 동사이다. 중국어 문법 용어로는 '동빈결구(动宾结构)'라 한다. 그러므로 이런 동사를 사용할 때는 각별히 주의해야 한다. 가령, '나는 당신을 만난다'고 할 때, '我见面你'은 틀린 표현이다. 개사 '跟' 혹은 '和' 등을 사용하여 '我跟你见面' 혹은 '我和你见面' 이렇게 해야 옳은 표현이다. '帮忙'도 '동빈결구'이므로 '我帮忙你'는 틀린 표현이다. '我帮你的忙'으로 표현해야 옳다.

2. 中国人的姓和名有什么特点呢?

'呢'는 어기사(语气词)이다. 어기사에 관한 설명은 어법 설명 코너를 확인.

3. 人们为了区别部落和家族，就把姓作为一个标记。

'人们'은 '人'의 복수형으로 '사람들'의 뜻. '们'은 조사(助词)의 하나로서 명사, 특히 사람을 나타내는 명사 뒤에 붙어 복수를 만들어 준다. 그러나 특정한 인원수를 말하는 것이 아니기 때문에 '们'을 사용하여 복수를 만들 경우에는 '수사(数词)'나 '양사(量词)'를 붙일 수 없다. 예를 들면, '同学们'은 맞는 표현이나 '三个同学们'은 틀린 표현이다.
'就'는 문법적으로 다양하게 사용된다. 동사로도 사용되고 개사로도 사용되고 연결사로도 사용된다. 여기서는 부사로 사용되어 '곧, 바로'의 뜻이다. '就' 앞의 내용이 원인이 되어 '就' 뒷부분의 결과를 낳게 되었다는 뜻이다. 이런 의미를 더욱 강조하기 위해 앞에 '为了'가 붙어 있다. '为了'는 '~를 위하여'의 뜻이다. '把姓作为一个标记'는 '把A作为B'의 구문으로 이해하는 것이 좋다. 'A를 B로 삼다(간주하다, 여기다)'는 뜻이다. '把A作为B'의 '作为'를 '当作'로 바꿔서 사용할 수도 있다. '把'는 목적어를 앞으로 끌어내는 역할을 한다.

4. '姓'字是由'女'与'生'二字合成的

'由'는 개사(介词)로서 수단이나 도구를 표시한다. '由'는 '以'로 바꾸어 사용할 수 있다. '由~合成'의 구문으로 기억하는 것이 좋다.

5. 许多最早的姓都从'女'旁, 如'姬姜'等, 这说明了母系社会, 人们以母亲的姓为姓

'从'은 동사로서 '따르다' '종속되다'의 뜻이다. 말하자면 '姬'나 '姜'은 모두 부수(部首) '女'에 속한다는 뜻이다. '以母亲的姓为姓'은 '以A为B'의 문형이다. 'A를 B로 삼는다'는 뜻으로, 어머니의 성을 성으로 삼는다는 의미이다. 한편, '这说明了母系社会, 人们以母亲的姓为姓' 이 문장은 '母系社会' 앞에 범위나 장소를 나타내는 개사 '在'가 생략된 형태이다.

6. 妇女也从称姓变成了称氏, 如果娘家姓李, 婆家姓王, 她就被称为王李氏

'从称姓变成了称氏'에서의 '从'은 개사로서 시간이나 장소 혹은 상황이 시작되는 기점을 표시한다. 이 구문은 '从A变成B'로 이해하여 'A로부터 B로 변하다'로 기억하는 것이 좋다. '如果'는 가정을 나타내며, '娘家姓李'의 '姓'은 동사로 사용되어 '姓李'는 '李를 성으로 삼다'는 뜻이다. '被称为'는 피동태로 '~로 칭해진다'는 뜻이다. '中国被称为茶叶的故乡'을 동일한 구조의 예문으로 들 수 있다.

7. 按照传统习惯，中国人一般姓父亲的姓。也有的姓母亲的姓

'按照'는 '～에 따르자면' '～에 비추어 보자면' 등의 뜻을 나타내며, 대개 근거를 표현할 때 사용한다. '中国人一般姓父亲的姓'에서의 '一般'은 부사로서 '일반적으로'이며, '姓父亲的姓'에서, 앞의 '姓'은 동사, 뒤의 '姓'은 명사로 사용되었다. '也有的姓母亲的姓'에서의 '有的'는 '어떤'의 뜻으로 뒤에 '人'이 생략된 형태이며, 앞 구절의 '中国人'을 가리킨다. 그러므로 '어떤 중국인들' 혹은 '일부 중국인'으로 해석하면 된다. '根据'와 '按照'의 차이점에 관해서는 어법설명 코너를 참고.

8. 或者以母亲的姓取名

'以'는 개사로서 '～으로써'의 뜻을 나타내며, 동작의 도구나 재료를 이끌어 준다.

9. 采用了母亲的姓起笔名，叫鲁迅

'起名'은 '이름을 짓다'이므로, '起笔名'은 '필명을 짓다'의 뜻이다.

10. 中国到底有多少姓?

'到底'는 부사로서 '도대체, 결국, 여하튼'의 뜻이다. '到底'의 구체적인 용법에 관해서는 어법설명 코너를 참고.

11. 据说在明朝时， 中国的单姓和夏姓就有三千七百多个， 后来渐渐少了。

'据说'는 '들리는 말에 의하면', '전설에 의하면', '전하는 바에 따르면'의 뜻이다. 확실한 근거가 없는 경우, 혹은 미심쩍은 경우에 사용한다. '明朝'는 명나라 왕조를 가리키므로 'Míng chǎo'로 발음하며 '明代'로 바꿔 써도 무방하다. '单姓'은 '외자 성', '复姓'은 '두 자 이상의 성'을 말한다. '后来渐渐少了'의 '少'는 형용사로서 서술어 역할을 한 것이며, '了'는 어기사로서 '변화'를 나타낸다. 명나라 때는 많았으나 그 뒤로는 점점 줄어드는 '변화'를 나타낸 것이다.

12. 名字往往有一定的含义，表示一定的愿望，如'富、贵、财、禄'是希望发财致富；'康、健、松、寿'是希望健康长寿；'栋、杰、俊、才'是希望成为有用的人才等。

'一定的含义'에서 '一定'은 여러 뜻이 있으나 여기서는 '특정한'의 뜻이다. '含义'는 '담긴 뜻'이다. 그러므로 합쳐서 '특별히 담긴 뜻'으로 해석하는 것이 무난하다. '如'는 '～와 같다'는 뜻의 동사인데, 흔히 '例如'로 사용되며, '例如'는 연결사로 간주하여 '예컨대'로 해석하면 무난하다. '富、贵、财、禄'은 순서대로 '돈 많고 지체 높고 재산 많고 관직 높음'을 가리킨다. 결국 첫째 자와 셋째 자, 둘째 자와 넷째 자가 같은 뜻이다. 위 넉자는 결국 '부귀영화'를 말한다. 그렇다면 중국인들은 왜 이렇게 중복되게 글을 쓸까? 요컨대 언어습관이다. 단음절보다는 쌍음절, 홀수 음절보다는 짝수 음절로 말하고 쓰는 것이 리드미컬하고 호흡도 순탄하기 때문이다. 다음에 나오는 '康、健、松、寿', '栋、杰、俊、才'의 경우도 역시 마찬가지이다. '康、健、松、寿'는 편안, 건강, 소나무, 장수. '栋、杰、俊、才'는 대들보, 우수, 뛰어남, 재주꾼. 보다시피 전혀 다른 개념의 나열이 아니라 의미가 중복된다. 이런 리듬과 호흡을 장악하면 중국어 독해에 무척 도움이 된다. 한편 넉자 사이에 한글 맞춤법에서는 없는 '、'이 있다. 顿号(dùnhào)라 부르는데 동격의 품사를 병열로 연결할 때 사용한다.

13. 有的人除了小名大名以外，还有字号或者笔名。

이 문장에는 '除了A以外，还有B'의 구문이 사용되었다. 'A 이외에도 또한 B가 있다'는 뜻이다. '小名'은 '어릴 적 이름', '大名'은 '성인이 된 후의 이름'을 말한다. 字나 号에 대해서는 문화 상식 코너의 내용을 참고.

14. 在一个家庭中，同辈人的名字往往取一个相同的字。

'取一个相同的字'는 '取字' 사이에 '一个相同的'가 들어간 형태로 파악하면 된다.

15. 现在已经打破了这种限制，人们可以自由命名，名字仅仅成了一种符号。

'已经'은 부사로서 '이미'의 뜻이다. '已经'은 '已'로도 사용할 수 있으며, 다소 예스럽게 '业已'를 사용할 수도 있다. '可以'는 조동사로서 여기서는 '허가'를 표시한다. '허가' 이외의 용법에 관해서는 본 과의 어법 설명을 참고. '仅仅'은 부사로서 '단지' '그저'의 뜻이며 '仅'의 강조 용법으로 보기도 하지만 현대 중국어는 대부분 쌍음절로 이뤄졌으므로 꼭 강조라고 말할 수는 없다.

16. 此外，男人的名字和女人的名字也不一样

'此外'는 '이 밖에, 이외에'의 뜻을 나타내며. '除了～(以)外'의 생략형이다. 그러므로 '此外'는 '除了此(以)外'의 간명한 표현이다. '此'는 고문투의 용법이고 현대 중국어의 '这'에 해당한다. '一样'은 형용사로서 서술어 역할을 하고 있다. 그 앞에 부정부사 '不'가 붙어 부정해주고 있다. '不一样'은 '不同'으로 바꿔 써도 무방하다.

17. 男人多以雄壮的字眼取名，如'峰、良、栋、生'，女人多以美丽的字眼取名，如'珍、琴、花、芬'

이 문장은 '多以A取名'의 구문으로 '많이들 A로 이름을 짓는다'로 파악하는 것이 기억하기 쉽다. '多'는 부사이며, '以'는 개사로서 도구나 수단을 이끌어 뒤에 나오는 명사를 도와준다. '雄壮的字眼'이나 '美丽的字眼'의 '字眼'은 사전적인 의미로는 '①글자. 어휘. 말. ②시문 중에서 주안이 되는 중요한 글자'이나, 여기서는 '어떠어떠한 뉘앙스가 있는 글자'로 해석하는 것이 무난하다. "如峰、良、栋、生'"과 "如'珍、琴、花、芬'"에서의 '如'는 동사로 사용되어 '~와 같다'는 의미이다. '例如'로 사용해도 무방하다. 여성의 이름에 흔히 보였던 '花'나 '芬'자는 현대 중국에서는 점차 줄어들고 있으나, 대만에서는 여전히 많이 사용되고 있다.

18. 为了易写易记，现在单名增多了，因此在中国重名的现象也越来越多。

'为了'는 '~하기 위하여', '易写易记'는 '쉽게 쓰고 쉽게 기억하다'의 뜻이다. '易'는 '容易'의 준말인데 현대 중국어에 보편적인 쌍음절로 구성하기 위해 줄여준 것이다. '因此'는 '이렇기 때문에', '그러므로'의 뜻이다. '重名'은 '중복된 이름'의 뜻으로 '重'은 chóng으로 읽는다. '越来越~'는 관용구처럼 사용되어 '점점 더 ~하다'의 뜻이다.

어기사(语气词)

언어에는 감정이 들어가기 마련이다. 가령 "죽여 죽여" 이런 말과 "죽여 다오" "죽여 주시옵소서" 이런 말은 죽음을 달라는 의미에서는 별반 차이가 없겠지만, 어감에 큰 차이가 있다. 현대 중국어에는 이와 같이 어감의 차이를 나타내는 어휘가 몇 개 있는데, 통괄하여 어기사(语气词)라고 부른다.

우리가 중국책을 읽거나 말하고 들을 때 자주 접하는 어기사로는 的、了、么、呢、吧、啊 등을 들 수 있다. 이런 어기사가 구체적으로 어떤 어감을 나타내는지 간단하게 살펴보도록 하자.

1. 어기사 기본형

的 ✔ 확실히 그렇다는 어감을 나타낸다.

了 ✔ 이미 그러하거나 새로운 상황이란 어감을 나타낸다.

么 ✔ 궁금하다는 어감을 나타낸다.

呢 ✔ 의심할 여지가 없다는 어감, 혹은 어떤 사실이나 상황에 대해 알고 싶어하는 어감을 나타낸다. 呢가 의문문에 사용되는 경우 따지는 듯한 어감을 나타내기도 한다.
走不走呢? 갈거야 안갈거야?

吧 ✔ 반신반의하는 어감을 나타낸다.

啊 ✔ 어투를 강조할 때 사용된다.

2. 어기사 복합형

앞서 나온 어기사 기본형이 서로 결합하여 다음과 같은 새로운 어기사가 탄생한다. 발음은 고대의 반절(反切)과도 같이 "앞자의 자음 + 뒷자의 모음"으로 발음된다.

么 + 啊=嘛 → 事情就这样嘛! 일은 이렇게 되고 만거야.
(분명하다는 어감)

么 + 啊=吗 → 事情就这样吗? 일은 이렇게 된건가? (확인하는 어감)

了 + 啊=啦 → 你来啦. 너 왔구나. (온 것을 알았다는 어감)

3. 어기사와 의문문이 결합할 때

呢 ✔呢가 의문문으로 나올 경우 담긴 어감에 신경써야 한다.

我的帽子呢? 내 모자는?

(=我的帽子在哪儿? 내 모자가 어디 있느냐고 묻는 어감)

他不肯呢？그가 내키지 않아 한다면?

(=如果他不肯, 该怎么办呢？그가 내키지 않아 하면, 어떻게 해야 되겠느냐는 어감)

4. 어기사의 연음변화

어기사가 다른 발음에 인접해 있으면 변화가 생긴다. 중국인들이 그렇게 발음하므로 암기하는 수밖에 없다.

〔啊〕의 연음변화(连音变化)

'啊'는 어기조사로 쓰일 때, 앞 음절의 영향을 받아 연음변화가 일어나며, 그 음에 따라 다른 글자로 바꾸어 쓰기도 한다. 도표로 나타내면 아래와 같다.

앞의 음절	변화된 음	대용 한자	예문
-a, -e, -i, -o, -u	a → ya	呀	来呀 去呀
-ao, -u	a → wa	哇	好哇 走哇
-n	a → na	哪	人哪 看哪

●●● 根据와 按照의 차이점

(1) 根据는 어떤 상황을 전제로 하여 결론을 얻어내거나 혹은 판단하게 된다는 뜻이다. 그러므로 '왜(Why)'에 중점을 둔다.

根据~(的)看法/调查/情况/报告 결론을 내리거나 /판단하거나 /행동하게 됨.

根据实验的结果, 证明这样做是不对的。실험 결과에 따르면 이렇게 하는 것은 틀렸음이 증명되었다.

根据天气预报, 今明两天不会下雨。기상 예보에 따르면 오늘 내일 이틀은 비가 오지 않을 것이다.

根据我们的调查, 这件事他无关。우리의 조사에 따르면 이 사건은 그와 무관하다.

根据什说我们的产品质量不好? 당신은 무엇에 근거해서 우리 상품의 품질이 좋지 않다고 말하는가.

(2) 按照는 根据와 같은 뜻이긴 하나 행위의 방법이나 방침 혹은 요구 등에 따른다는 뜻이다. 그러므로 '어떻게(How)'에 중점을 둔다.

按照~(的)办法/方法/规定/标准/计划/想法 어떤 행동을 하게 됨.

他按照规定的时间到达了目的地。그는 규정된 시간에 맞춰 목적지에 도달했다.

我们一定会按照们的要求完成任务。우리는 꼭 당신들의 요구에 맞춰 임무를 완성하겠다.

如果按照这个办法去做, 肯定成功。이 방법에 맞춰 하게 되면 성공할 것이다.

这件衣服是按照的身材做的。이 옷은 그녀의 몸매에 맞춰 만든 것이다.

他没按照汉字的笔画顺序写, 所以写不快。그는 한자의 필획 순서에 맞춰 쓰지 않아서 빨리 쓰지 못한다.

●●● 到底의 용법에 관하여

(1) 到底는 끝까지 따져서 무언가를 추궁한다는 의미가 있다.

这到底是怎么回事? 이건 도대체 어찌된 일이지?

(2) 일정 기간 우여곡절을 겪어 마침내 어떤 결과가 나타난 상황을 설명할 때.

经过努力, 到底取得了好成绩。노력한 끝에 (노력을 거쳐) 결국 좋은 성적을 거두었다.

이런 용법에서는 어기조사 了가 생략되어서는 안된다.

(3) 여하튼

朋友到底是朋友, 困难时总来帮忙。친구는 여하튼 친구다, 곤란할 때 꼭 와서 도와준다.

연습문제

1. 아래 용어를 사용하여 짧은 글을 지어보시오.

   ① 把～作为～

   ② 按照～

   ③ 据说～

   ④ 除了～以外, 还有～

   ⑤ 越来越～

2. 본문의 내용에 근거하여 아래 질문을 중국어로 답해보시오.

   ① 중국인의 성(姓)과 이름은 어떤 특징이 있습니까?

   ② 일부 중국인들은 어머니의 성을 성으로 삼거나 혹은 어머니의 성을 이름으로 삼기도 하는데 예를 들어서 설명해 보시오.

   ③ 중국인의 이름은 종종 특정한 뜻이 담겨있거나 특별한 바람을 표시하고 있다. 예를 들어 설명해 보시오.

口香糖的妙用

飞机起飞后，一位空中小姐给旅客发口香糖。“你太客气了，这口香糖干什么用？” 一位第一次乘飞机的先生问。“为了使您的耳朵不嗡嗡作响。” 飞机着陆后，这位先生对空中小姐说：“这口香糖真管事！现在你能帮我把他从耳朵里取出来吗？”

曼谷市正处於雨季。某天半夜12点钟，下了一场大雨。过72小时以后，当地会不会出太阳?

① 会出太阳 ② 不会出太阳

③ 会出太阳或者不会出太阳 ④ 不知道

문화 상식 성, 씨, 명, 자, 호

우리는 현재 '성(姓)'과 '씨(氏)'를 같은 뜻으로 사용해서 보통 '너의 성(姓)은 무엇이냐?' 혹은 '너는 무슨 씨(氏)냐' 물을 때 그냥 '이(李)씨요', '김(金)씨요' 이런 식으로 대답한다. 그러나 기왕에 '이씨' '김씨'로 대답한다면 굳이 성(姓)을 물을 필요없이 그냥 '무슨 씨(氏)냐'고 물으면 그만이다. 원래 성(姓)과 씨(氏)는 다른 것이었다.

성(姓)과 씨(氏)는 서로 연관이 있으면서도 실은 서로 구별되는 개념이었다. 성(姓)이란 종족을 일컫는 것이고 씨(氏)는 성(姓)으로부터 갈라져 나온 것을 말한다. 그러므로 성(姓)은 개인이나 가족을 지칭하는 호칭이 아니고 어느 종족의 전체를 가리키는 칭호이다. 가령 아주 오랜 옛날의 중국 성(姓)으로 '강(姜)', '희(姬)' 등이 있었는데 이것은 어느 종족을 가리키는 것이다. 모두 '여(女)'자가 들어있는 것을 보면 인류 초기의 모계사회를 반영하는 것으로 파악된다. 어느 종족이 번창하여 자손이 많아지게 되면 이른바 분가(分家)를 하게 되는데, 이때 분가되는 줄기를 일컬어 씨(氏)라고 한다. 가령 위에서 언급한 '강(姜)'이란 종족은 훗날 신씨(申氏), 여씨(吕氏), 허씨(许氏), 기씨(纪氏), 최씨(崔氏), 마씨(马氏) 등으로 갈라졌다.

이런 관계로 성(姓)은 영원히 변하지 않지만 씨(氏)는 얼마든지 바뀔 수 있다. 씨(氏)를 짓는 방법은 일정하지 않고 자기 조상의 별호(別号)를 취하기도 하고〔唐, 虞, 夏, 殷〕, 조상의 일호(谥号)를 취하기도 하고〔戴, 武, 宣, 穆〕, 혹은 조상의 자(字)를 취하기도 하고〔伯, 仲, 叔, 季〕, 조상의 관직을 취하기도 하고〔王, 公, 侯, 伯〕, 조상이 세웠던 나라 이름을 취하기도 하고〔曺, 鲁, 宋, 卫〕, 심지어는 거주지를 취하기도 하고〔城, 郭, 园, 池〕, 경우에 따라서는 직업을 취하기도 한다〔巫 卜 陶 匠〕.

과거 종법제도(宗法制度) 하에서는 성(姓)이 같고 씨(氏)가 틀리면 서로 결혼할 수 없었다. 역으로 성(姓)이 틀리고 씨(氏)가 같은 경우는 결혼이 가능했다. 왜냐 하면 씨(氏)는 성(姓)이 틀린 경우에도 얼마든지 같을 수 있기 때문이다. 그러나 이런 성씨(姓氏)의 구분도 전국시대(战国时代)에 접어들면 그렇게 엄격하게 구분하지 않았다.

성(姓)과 씨(氏)의 합류현상이 일어나 지금은 성(姓)과 씨(氏)를 같은 뜻으로 사용한다. 그러나 원래는 위와 같이 서로 다른 개념이었다.

한편 '명(名)'은 우리가 다 아는 '이름'이다. 옛날에는 아이가 태어난지 3개월 뒤에 아버지가 이름을 지어준다. 남자 아이가 20이 되면 성인(成人)이 되었다 하여 머리를 묶어 관(冠)을 쓰게 되는데, 이것을 관례(冠礼)라 한다. 이때 '자(字)'라는 것을 만들어 준다. 여자 아이의 경우도 15세가 되면 성인(成人)으로 취급하여 머리를 묶고 비녀를 꽂게 되는데, 역시 이때 자(字)를 만들어 준다. 이처럼 명(名)이나 자(字)는 어른이 지어주는 것이지 자기가 짓는 것이 아니었다.

명(名)과 자(字)는 전혀 다른 성질이 아니라 의미상으로 서로 연관되는 글자를 취한다. 가령 삼국지에 나오는 유명한 제갈량(诸葛亮)의 자(字)는 공명(孔明)인데, 제갈량의 량(亮)은 바로 '빛날 량'의 뜻이고 공명(孔明) 또한 '매우 밝다'란 뜻으로 서로 통하는 의미이다. 대체적으로 이야기해서, 어른은 자기보다 낮은 사람을 부를 때 그냥 이름을 부른다. 낮은 사람이 어른 앞에서 자기를 지칭할 때도 자기 이름을 그대로 부른다. 그러나 어른을 부를 때에는, 어른의 이름을 부르는 것은 예의가 아니었기 때문에, 그 어른의 자(字)를 부르게 된다. 이러한 호칭은 과거에 엄격히 지켜졌으며, 현재까지도 이어지고 있다.

명(名)이나 자(字) 이외에 또 '호(号)'라는 것이 있다. 호(号)는 대개 자기 자신이 짓는 것이지만, 간혹 남이 붙여주는 경우도 있다. 자기 자신이 짓는다 하여 보통 자호(自号)라고 한다. 형식은 별다른 제약이 없이, 자신의 성격이나 거처(居处) 혹은 목표 등을 감안하여 짓게 된다. 그래서 자호

(自号)의 경우는, 무슨 무슨 거사(居士)니 무슨 무슨 선생(先生)이니 하는 형식으로 나오게 된다. 가령 송대(宋代) 대문호인 소식(苏轼)은 동파(东坡)라는 곳에 기거했으므로 자신을 일컬어 동파거사(东坡居士)라 불렀다. 이태백(李太白) 같은 경우는, 하지장(贺知章)이 그의 작품을 보고 놀라 '이것은 지상의 시가 아니다'고 감탄하면서 '적선(谪仙)'이라고 불렀다. 적선(谪仙)이란 원래 하늘나라의 사람이었는데 죄를 지어 인간 세상에 귀양 온 신선이란 뜻이다. 그러므로 후세 사람들은 이태백을 일컬어 적선(谪仙)이라고도 부른다.

컴퓨터 상식 顿号(dunhao)에 대하여

이 책의 본문에는 한글 맞춤법에서는 볼 수 없는 부호 '、'가 보인다.
"富、贵、财、禄"是希望发财致富 …

또한 아래와 같은 글에서도 흔히 볼 수 있다.

台湾 、香港 、韩国和日本… : 대만 홍콩 한국 그리고 일본…

문장에서 동격을 병열로 연결할 때 사용하며, 품사 및 역할이 같다는 표시이다. 읽을 때는 쉼표보다 약간 빠르게 읽어주면 된다. 물론 단어만 병렬로 연결하는 것이 아니라 아래처럼 어구의 병열에도 사용할 수 있다.

中国是一个幅员辽阔、人口众多的国家。: 중국은 국토가 광활하고 인구가 많은 나라이다.

이런 문장 부호를 일컬어 중국어로 顿号(dùnhào)라고 부른다. 한글 맞춤법에서는 사용하지 않으므로 주의할 필요가 있다.

ᄒᆞᆫ글이나 MS word 혹은 웹상에서 IME를 사용하여 중국어를 입력할 경우에, 이러한 顿号를 넣어야 할 때가 있다. 이럴 때는 다음의 몇 가지 방안이 있다.

1. ᄒᆞᆫ글에서 '문자 코드'로 입력하기

ᄒᆞᆫ글에서 '、'의 문자코드는 '1fc0'이다. 따라서 키보드 Ctrl + F10 하여 문자코드 박스에 '1fc0'을 입력한다.

〔MS word의 경우 문자코드는 '3001'이다. 메뉴>삽입>기호로 접근하여 문자코드를 입력하면 된다. 빠르게 입력하고 싶으면, 그곳에서 '바로가기'에 등록시키면 된다. MS word의 바로가기 기능은 ᄒᆞᆫ글의 '상용구'와 비슷하다.〕

2. ᄒᆞᆫ글 '상용구'에 아예 등록시키기

상용구를 실행(Ctrl + F3)한 다음 '.'을 '、'으로 입력되게끔 등록시킨다. 다음부터는 '.'을 입력하고 키보드 'alt + i'를 입력하면 바로 '、'이 입력된다.

3. IME 상태에서 입력하기

IME는 입력 시스템(Input Method Editor)으로서, 동아시아(한국, 일본, 중국) 여러 나라의 다양한 문자를 특수한 키보드를 이용하지 않고 입력하기 위한 자바 스크립트 프로그램이다. MS에서 무료로 제공된다. 한글 윈도우 환경에서 중국어 번제자와 간체자 웹문서를 열람할 수 있을뿐더러, 입력까지 할 수 있으므로 무척 편리하다. IME에서 顿号를 입력하려면 키보드 '\'를 사용한다. IME 아이콘의 좌측 키보드 바로 옆 '.,'을 '。，'로 바꿔놓아야 입력된다.

第2课 中秋节

中秋节是中国比较大的传统节日之一。中秋节在农历的八月十五日，正好在秋季的正中间，所以叫中秋节。

古代皇帝为了祈祷丰收，常在八月的夜晚，奏乐祭祀月亮，后来逐渐形成了民间赏月的风俗。每逢中秋，人们用精制的糕、饼祭祀月神，祭祀之后，全家人分着吃，表示全家团圆欢聚。

中秋节吃月饼有这样一个传说；元末农民起义时，

人们互相赠送月饼，月饼里夹着字条，约定八月十五这一天作为汉族起义的日子。后来民间在中秋节的时候，也有互相赠送月饼的习惯，这是因为月饼是圆的，取团圆的意思。中秋节吃月饼的习惯早在明朝和清朝就遍及全国了。月饼的制作也越来越精细，月饼馅儿也越来越讲究。现在的月饼更是多种多样，既好看又好吃，各地都有自己的特色。

广东月饼常用肉、糖、油、核桃、葡萄干拌在一起作馅儿，香甜可口，闻名全国。

俗语说'月到中秋分外明'。中秋节的晚上，是月亮最圆最明亮的时刻。全家人在皎洁的月光下坐在一起，一边吃月饼、葡萄、梨、苹果，一边观赏月亮。如果亲人在这一天不能团圆，就在晚上同时望着月亮来表达思念的感情。

在中国人的心目中，月亮是美好的象徵。中国大多数人喜欢月儿圆，这是因为月圆象徵着亲人的团圆和生活的美好，但是也有人喜欢月儿弯，他们说月弯时，才有月圆的希望。

단 어

农历 nónglì 명 음력.

正好 zhènghǎo 부 때마침. 공교롭게도.

祈祷 qídǎo 명 동 기도(하다).

丰收 fēngshōu 동 풍작하다.

奏乐 zòuyuè 동 음악을 연주하다.

逐渐 zhújiàn 부 점차.

赏 shǎng 동 관상하다. 감상하다.

逢 féng 동 만나다. 맞다.

糕 gāo 명 떡.

团圆 tuányuán 동 가족이 한자리에 모이다.

欢聚 huānjù 동 기쁘게 모이다. 명 즐거운 모임.

起义 qǐyì 명 동 봉기(하다). 의거(를 일으키다).

月饼 yuèbǐng 명 월병. 중국에서 중추절에 먹는 소를 넣어 만든 과자.

夹 jiā 동 끼우다.

遍及 biànjí 동 두루 보급되다. 골고루 퍼지다.

精细 jīngxì 형 정교하다.

馅 xiàn 명 (떡·만두 등에 넣는) 소.

讲究 jiǎngjiu 동 중히 여기다. 신경을 쓰다. 따지다. 형 정교하다. 꼼꼼하다.

更 gèng 부 더욱. 한층 더. 다시. 또.

多种多样 duōzhǒngduōyàng 가지각색이다.

核桃 hétao 명 호두. 호두나무.

葡萄干 pútáogān 명 건포도.

拌 bàn 동 뒤섞다. 혼합하다. 버무리다.

香甜 xīangtián 형 향기롭고 달다.

闻名 wénmíng 형 유명하다. 동 명성을 듣다.

明亮 míngliàng 형 (빛이) 밝다. 환하다.

皎洁 jiǎojié 형 희고 깨끗하다. 밝고 맑다.

表达 biǎodà 동 (생각·감정을) 표현하다. 나타내다.

思念 sīniàn 동 그리워하다.

心目 xīnmù 명 심중. 인상. 기억. 생각.

美好 měihǎo 형 (생활·앞날·희망 등 추상적인 것) 좋다. 훌륭하다. 행복하다. 아름답다.

弯 wān 형 굽다. 구부러져 있다.

고유명사

中秋节 Zhōngqīujié 중추절. 추석.

구문 분석 및 해설

1. 既好看又好吃

副词 '既'는 '又'와 호응하여 '既～又～'의 형태로 '～할 뿐만 아니라 ～도, ～하고 또 ～'의 뜻을 가진다. 즉 양면의 성질이나 상태가 병존함을 나타낸다.

2. 一边吃月饼、葡萄、梨、苹果，一边观赏月亮

(1) 副词 '一边'은 动词 앞에 쓰며, '一边～, 一边～'의 형태로 '한편으로 ～하면서 ～하다'의 뜻을 가진다. 즉 두 가지 이상의 동작이 동시에 이루어짐을 나타낸다.

孩子们一边唱，一边跳。

(2) 앞 절의 '一边'은 생략하기도 한다.

她说着话，一边打着毛衣。

(3) '一边'의 '一'는 생략할 수 있다. '一'를 생략한 후 단음절 동사와 결합하면 중간에 휴지를 두지 않는다.

边走边说

3. 同时望着月亮来表达思念的感情

动词 '来'는 '来 + 〔동〕'의 형태로 '어떤 일을 하려함'을 나타낸다. '来'가 없어도 뜻은 같다.

大家想办法来解决。

관련사어(关联词语)

복구에 쓰인 분구들은 대부분 연사나 부사를 사용하여 연결되는데, 복구 안의 분구들을 연결하는 데 쓰인 연사나 부사를 관련사어라고 한다. 관련사어는 한 쌍으로 쓰이는 경우가 많은데, 서로 호응되는 관련사 가운데 많이 쓰이는 것으로는 다음과 같은 것들이 있다.

1. '既~, 又~' : 동시에 두 개의 성질이나 상황이 갖추어져 있음을 나타내며, '~이기도 하고, ~이기도 하다'라고 해석된다.

   他既不愿意, 又没有法子。

2. '既~, 也~' : 뒷부분이 앞부분을 보충 설명할 때 쓰이며, '~할뿐만 아니라, 또한 ~하기도 하다'라도 해석된다.

   他既会英语, 也会日语。

3. '一面~, 一面~' '一边~, 一边~' : 두 개의 동작이나 상황이 동시에 벌어짐을 나타내며 '한편으로는 ~하면서, 다른 한편으로는 ~하다'라고 해석된다.

   我们一面听, 一面作练习。

   孩子们一边唱歌, 一边跳舞。

4. '不是~, 而是~' : 서로 상반된 일이나 상황을 대립시키는 표현이며, '~이 아니고 ~이다'의 의미로 해석된다.

   他不是笨, 而是装糊涂。

5. '不是~, 就是~' : 선택적으로 둘 중 반드시 어느 한쪽임을 나타내는 구문이며, '~이 아니면 ~이다'의 의미로 해석된다.

   这几天不是下雨, 就是刮风。

6. '不但(不仅, 不只)~, 而且(并且, 也, 还)~' : 전, 후의 분구가 의미상 점층적 관계에 있는 복문에 사용하며, '~할 뿐만 아니라, ~하기도 하다'로 해석된다.

他不但会说汉语, 而且说得很流利。

7. '不但(不仅)~, 反而(反倒)' : 의미상 상반되는 두 분구를 연결하면서 예상을 벗어나는 느낌을 표현하는데, '~하지 않을 뿐만 아니라, 오히려 ~하다'라고 해석된다.

风不但没停, 反而更大了。

8. '因为~, 所以~' : 인과관계를 설명하는 구문으로서, '~하기 때문에, 그래서 ~하다'라는 의미로 해석된다.

因为没人帮助, 所以他不能成功。

9. '如果(要是, 假如, 假使, 倘若, 若是) ~, 就(便, 也, 那麽) ~' : 가정 조건을 나타내는 표현으로서, '만약 ~한다면, 반드시 ~하다'는 의미로 해석된다.

他要是不来, 我们就去找他。

10. '只要~, 就~' : 조건을 나타내는 표현으로서 '~하기만 하면 ~한다'라는 의미로 해석된다.

只要下功夫, 你就一定能学好。

11. '只有~, 才~' : 유일 조건을 나타내는 구문으로서, '~해야만 ~한다'로 해석된다.

只有认识落后, 才能去改变落后。

12. '除非~, 才~' : 이것 역시 유일 조건을 나타내는 표현으로서, '~해야만 ~한다'로 해석된다.

除非你去, 他才会去。 네가 가야만 그가 갈 것이다.

* '除非~, 不~' : 이것 역시 유일 조건을 나타내는 표현인데, '~해야만 하지, 만약 그렇지 않으면 ~하지 않는다'로 해석된다. 그래서 겉으로 드러나는 뜻이 '除非~, 才~'와 상반되는 것처럼 보이지만, 속뜻은 '除非~, 才~'와 같다.

除非你去，他不会去。 네가 가야만 하지, 그렇지 않으면 그는 가지 않을 것이다.

13. '虽然(尽管, 固然) ~, 但是(可是, 然而, 却, 也, 还) ~' : 역접관계를 표현하는 구문으로서, '비록 ~이지만, 그러나 ~하다'라고 해석된다.

他虽然不是中国人，但是汉语说得非常好。

14. '即使(就算, 就是, 纵然) ~, 也(还是) ~' : 양보관계를 나타내는 구문으로서, '설사 ~하더라도 ~한다'라고 해석된다.

即使遇到很多困难，你也要坚持下去。

15. '宁可(宁肯, 宁愿) ~, 也不(决不) ~' : 취사선택을 나타내는 구문으로서, '차라리 ~할지언정 ~하지는 않는다'라는 의미로 해석된다.

宁可我多干点，也不能累着你。

16. '与其~, 不如(毋宁)~' : 취사선택을 나타내는 구문으로서, ' ~하는 것보다는 ~하는 것이 낫다'라는 의미로 해석된다.

与其等他来，不如去找他。

17. '一~, 就~' : 두 개의 동작이나 상황이 즉시 이어지거나 밀접한 관련을 가지고 벌어지는 것을 나타내는 구문으로서, '~하자마자 ~하다' 또는 '~하기만 하면 ~하다'로 해석된다.

我一着急，就头疼。

연습문제

1. 주어진 말을 이용하여 짧은 글을 지어 보시오.

   ① 越来越～

   ② 如果～

   ③ 但是～

   ④ 讲究

2. 본문의 내용에 근거하여 아래 질문에 중국어로 답해보시오.

   ① 중추절에 달을 감상하는 풍습은 어떻게 생겨났습니까?

   ② 중추절에 먹는 月饼에는 어떤 전설이 담겨 있습니까?

   ③ 달은 중국인에게 어떤 상징성을 갖습니까?

不安

法官 ： 你在偷人家珠宝时，不感到心里不安吗?

小偷 ： 先生，老实说我当时心里很不安，因为我担心偷到的是假货。

某人看书逐渐养成习惯， 1月1日开始， 他规定自己每天看书10页。 1月3日有事情没有看书。 那麽，一月六日，他读了多少页书?

① 没有　② 10页　③ 20页　④ 50页

문화 상식 중국의 중추절

中秋节은 春节 · 端午节과 함께 중국의 3대 명절이다.

中秋节에 민간에서는 달이 뜨면, 주부가 집안 여자들을 이끌고 정성 들여 만든 月饼으로 달에 제사를 지낸다. 남자들은 참석할 수가 없는데, 왜냐하면 月神은 女神인 嫦娥이기 때문이다. 제사 후 주부는 가장 큰 月饼을 가족 수에 맞추어 잘라, 온 가족이 나누어 먹는다. 그 자리에 참석하지 못한 가족의 몫은 남겨 두었다가 그가 집에 돌아오면 먹게 한다.

중추절은 달이 가장 둥글고(圆满) 밝아, 소원을 빌며 감상(赏月)하기 좋은 때이다. 온 가족이 밝은 달빛 아래 둘러앉아, 月饼과 시절의 산물인 사과 · 배 · 포도 등을 먹으며 단란함을 즐긴다. 이런 좋은 시절에 가족과 고향을 떠나 있어 타관에 있는 외로움을 읊은 작품으로는 唐代 시인 李白(701~762)의 다음 시가 유명하다.

〈静夜思〉

床前明月光,　　침상 앞 밝은 달빛,
疑是地上霜.　　땅 위의 서리런가?
举头望明月,　　고개 들어 밝은 달 바라보곤,
低头思故乡.　　고개 떨구며 고향 그리네.

第3课 对联

孔子是中国春秋时期的一个大学问家。一次，他走到一个叫陈、蔡的地方，带的干粮吃完了。孔子把学生子贡叫到跟前，让他去向一个叫范旦的人借粮食。

范旦是当地的乞丐头。子贡找到范旦，说明了来意。范旦说："听说孔子是个大学问家，只要他能说一句话，把'好坏多少喜欢恼'这七个字都包含进去，我就借粮食给他。"

孔子听后说："你去告诉他：'天地间好人多，坏人少，借时喜欢，还时恼。’” 范旦听了很满意，就装了一笔筒米给子贡。子贡不好意思再多讨，就回去把笔筒里的米全倒进锅里。没想到， 竟煮了一大锅米饭，吃也吃不完。

又过了几天，孔子要走了。范旦派人送来一张字条，上面写道：“好借好还，再借不难，还我一笔筒米来。” 孔子忙命人往笔筒里装米， 可怎么装也装不满。为了自己的名声，孔子只好派人告诉范旦：“今后凡是门上贴对联的人家，都是读书人，只要是乞丐，就可上门讨米。”

事后，孔子又告诉所有读书人：每年腊月二十八，家家户户贴对联，有乞丐要饭的，要尽力施舍。慢慢地，贴对联的风俗就流传下来了。

단 어

带 dài 동 지니다.

干粮 gānliáng 명 건조 식품. 건제품.

跟前 gēnqián 명 옆. 곁. 근처.

让 ràng 동 ~에게~하게 하다.

向 xiàng 개 (사람을 나타내는 名词·代词 앞에 쓰여)~에(게).

乞丐 qǐgài 명 거지.

头 tóu 명 두목. 우두머리.

来意 láiyì 명 온 뜻. 온 이유.

听说 tīngshuō 동 듣자니 ~라고 한다. (~라고) 들었다.

坏人 huàirén 명 나쁜 사람.

恼 nǎo 동 화내다. 화내게 하다. 번민하다. 고뇌하다.

满意 mǎnyì 동 만족하다. 만족스럽다.

装 zhuāng 동 (물품을) 싣다. 담다.

不好意思 bùhǎoyìsi 부끄럽다. 쑥스럽다. (체면 때문에) ~하기가 곤란하다.

讨 tǎo 동 요구하다. 청구하다.

锅 guō 명 솥.

竟 jìng 부 뜻밖에. 의외로.

煮 zhǔ 동 삶다. 익히다.

字条 zìtiáo 명 메모. 글쪽지.

只好 zhǐhǎo 부 할 수 없이.

贴 tiē 동 붙이다. 붙여 놓다.

对联 duìlián 명 대련. (종이·천 등에 쓰거나 나무·기둥 등에 새긴 对句. 특히 설날에 쓰이는 것을 '春联'이라고 함.)

上门 shàngmén 통 방문하다. 찾아가다.

讨 tǎo 통 요구하다. 청구하다. (재촉하여) 받아내다. 거둬들이다.

只要 zhǐyào 연 ~하기만 하면. 오직~라면.

腊月 làyuè 명 음력 섣달.

要饭 yāofàn 통 밥을 달라고 하다. 동냥하다. 걸식하다.

施舍 shīshě 명 희사. 은덕을 베픔. 통 희사하다. 은덕을 베풀다.

慢慢 mànmàn 천천히. 차츰.

流传 liúchuán 통 세상에 전해지다.

고유명사

孔子 Kǒngzǐ 공자(기원전 551년~기원전 479년), 노(鲁)나라 사람으로 유가(儒家)의 비조(鼻祖).

春秋 Chūnqīu 춘추(기원전 770년~기원전 476년), 东周 시기의 일부. 주왕실의 평왕(平王)이 동쪽으로 도읍을 옮긴 이후 진(晋)나라가 한(韩) 위(魏) 조(赵)로 독립하기까지 약 320년간의 시대. 이 시기를 동주(东周)라고 부르며, 우리에게는 춘추시대로 더 알려져 있다. 이 시기는 제후국들이 부상하기 시작하여 약육강식의 무대가 된다. 제(齐), 진(晋), 진(秦), 송(宋), 초(楚) 등이 차례로 패자(霸者)가 되었으며, 힘에 의한 통치가 덕정(德政)의 당위성을 압도하였다.

陈 Chén 진, 춘추시대 제후국 이름.

蔡 Cài 채, 춘추시대 제후국 이름.

子贡 Zǐgòng 자공, 공자의 제자.

范旦 Fàndàn 범단, 춘추시대의 걸인.

구문 분석 및 해설

1. 让他去向一个叫范旦的人借粮食

(1) 兼语结构

'他'는 사역 의미의 동사 '让'의 宾语이며, 또한 뒤에 오는 동사 '去'와 동사 '借'의 主语의 역할을 한다. 중국어의 어법적 특색이며, 이를 兼语结构라 한다.

(2) 介宾结构

介词 '向'은 사람을 가리키는 名词 성격의 词组 '一个叫范旦的人'을 宾语로 취해, 동사 '借'의 대상을 이끌어 오는 역할을 한다.

2. 可怎么装也装不满

'可'는 副词로 强调하는 어감을 나타내며, 口语에 주로 쓰인다. 여기서는 '可 + 〔동〕'의 형태로 陈述句에 쓰여, 약간은 의외라는 뜻을 나타내고 있다.

3. 今后凡是门上贴对联的人家，都是读书人

副词 '凡是'는 主语 앞에 놓여, 일정 범위 안에서 예외가 없음을 나타낸다.

4. 孔子只好派人告诉范旦

副词 '只好'는 '只好 + 〔동〕'의 형태로 선택의 여지가 없음을 나타낸다. '不得不'나 '只得'와 뜻이 같다.

我不懂法语，只好请他翻译。

5. 只要是乞丐，就可上门讨米

(1) 连词 '只要'는 필요 조건을 나타낸다. 주로 뒤에 '就·便·总' 등이 와서 호응하여 '只要～就(/便/总)～'의 형태를 취한다. '只要'는 주어의 앞이나 뒤에 쓸 수 있다.

我们只要打个电话通知他，他就可以把东西送来。

只要你愿意，就可以去。

(2) 다음 예는 副词 '只'가 动词 '要'를 수식하는 것으로, 副词 '只要'가 아니니 주의해야 한다.

我只要一本，剩下的给别人。

他什么都不要，只要一杯水。

겸어식(兼语式)

谓语 속에 두 개의 动词가 있고, 앞 동사의 宾语가 또한 뒤 동사의 主语 역할을 하는 경우가 있는데, 이러한 성분을 兼语라고 하며, 겸어가 사용되는 형식을 兼语式이라고 한다. 예를 들면, '我叫他来(내가 그를 오라고 했다).'라는 문장에서 동사 '叫'와 '来'는 각기 다른 주어를 가지고 있다. '叫'의 주어는 '我'이고, '来'의 주어는 '他'이다. 그런데 '来'의 주어인 '他'는 '叫'의 宾语가 된다. 그러므로 '他'는 '叫'의 宾语이자 '来'의 主语가 되고, 이것이 兼语인 것이며, '叫他来'가 兼语式인 것이다.

兼语式은 대체로 다음의 세 가지로 분류할 수 있다.

1. 사역의 의미를 나타낸다. 앞 동사로는 주로 '使 · 叫 · 请 · 让' 등이 쓰이고, 뒤 동사로는 목적과 결과를 나타내는 것이 쓰인다.

   虚心使人进步，骄傲使人落后。

   我让他说了几句。

2. 앞 동사로는 감사함이나 비평을 표현하는 동사가 쓰이고, 뒤 쪽의 동사로는 그 원인을 설명하는 것이 쓰인다.

   谢谢你帮助了我。

   大家都批评他学习不用功。

3. 앞 동사로는 有无를 나타내는 동사가 쓰이고, 뒤 동사는 兼语 동작이나 상황을 나타낸다.

   他们有不少人在大学教书。

연습문제

1. 주어진 말을 이용하여 짧은 글을 지어 보시오.

   ① 让

   ② 听说

   ③ 不好意思

   ④ 只好

   ⑤ 只要

2. 본문의 내용에 근거하여 아래 질문에 중국어로 답해 보시오.

   ① 공자는 누구에게 무엇을 빌렸습니까?

   ② 공자는 언제 왜 대련을 붙이라고 하였습니까?

   ③ 대련은 어떤 것들이 있습니까?

健忘

经理对女秘书说 ："三月八号的会议非常重要。你记着到时候提醒我。"

女秘书吃惊地回答 ："这是前天的事了。"

"天哪，我居然忘了参加会议!"

"你去过了!"

如果一架飞机不偏不倚正好坠落在美国和加拿大的边界，在这种情况下，你该在哪一个国家埋葬幸存者?

① 美国 ② 加拿大 ③ 第三国 ④ 哪里也不能埋葬

문화 상식 春联

중국 사람들은 春节 하루 전인 음력 섣달 그믐날에는, 집을 깨끗이 치우고 春联을 문에 붙인다. 春联은 春帖 · 门对 · 对联이라고도 하는데, 붉은 종이에 검은 색 · 황금색의 길상이나 축복의 말을 쓴 것이다. 붉은 색은 사악한 것을 물리쳐 즐거운 분위기를 고취시키고, 아름다운 字句는 행복한 생활에 대한 희망을 나타내고 있다.

예를 들면, '하늘은 세월을 더하고 사람은 수명을 더하며, 봄은 천지에 가득하고 복은 집안에 가득하네(天增岁月人增寿, 春满乾坤福满门).', '햇볕 가득한 집안에는 늘 봄날이요, 선행 쌓는 집안에는 경사가 넘치네(向阳门第春常在, 积善人家庆有馀).' 등과 같이 저를 맞춰 한 联을 이룬 것들이다. 간단하게 '福'자나 '春'자를 거꾸로 붙인 것들도 있는데, '거꾸로 되다'라는 의미의 '倒(dào)'와 '오다'라는 의미의 '到(dào)'가 발음이 같아서, 거꾸로 붙인 '福'자는 '福이 온다(福到)'는 뜻을 나타낸다.

春联과 비슷한 것으로 우리나라에는 立春节(大寒과 雨水 사이로 양력 2월 4일경)에 문에 붙이는 立春榜이 있다. 예를 들면, '立春이 되니 크게 길하고, 햇볕 따뜻하니 경사가 많도다(立春大吉, 建阳多庆).'와 같은 것이다.

문화 상식 猜灯

春节로 시작된 새해 축하 분위기는 음력 정월 대보름인 元宵节에 절정에 이른다. 元宵节는 灯节라고도 하는데, 이날 저녁이 되면 거리와 공원, 사찰 등에 각양각색의 彩色灯이 걸린다. 어떤 때는 등에 수수께끼(灯谜)를 매달고 맞추는 사람에게 경품을 주어, 명절 분위기를 한층 더 북돋운다. 이를 '猜灯'이라고 한다.

예를 들면, 다음의 '글자 알아 맞추기(猜字谜)' 같은 것들이다. 답을 맞추어 보자.

'十个哥哥力量大，一切困难都不怕。'

'鹏鸟起飞迎友来。'

第4课 愚公移山

太行和王屋两座大山，周围有七百里，高度有几万尺。这两座山原来在冀州的南面，河阳的北面。

山的北面住着一位老汉，名叫愚公，年纪快九十了。他的家正对着两座大山。他苦於大山阻塞在前面，出门要兜圈子，走很多弯路，便召集了全家大小，跟他们商量说："我跟你们拿出全部力量，搬掉这两座大山，开出一条通向豫南、直达汉阴的大路。大家看好不好?"

大家听了，都异口同声地表示赞成，只有他的妻子心中有些怀疑，提出疑问说："凭你这点气力，怕连魁父那样一个小土堆也挖平不了，能把太行、王屋这两座大山怎么样？再说，挖出来的那些泥土、石头往哪里送呢？"

大家异口同声地说："扔到渤海的尽头去，扔到隐土的北面去。"

于是愚公带领了能够挑担子的子孙三人，挖石头，掘土块，用畚箕运到渤海的尽头去。邻家京城氏的寡妇，有一个孤儿，刚到换牙的年龄，看他们工作得起劲，也跑来帮忙。只在寒暑季节变换的时候，才回去一趟。

河曲地方有个精明的老头叫智叟，看见愚公全家辛辛苦苦地开山，觉得好笑，便去劝愚公停手，说：

“你这个人真是太傻了！这么大的岁数，出力的日子已经不多，只怕连山上的几根草也拔不了，怎么搬得了那么多的泥土、石块!”

北山愚公长长地叹了口气，回答说：“我看你这个人的心，真是顽固得不可开导，还比不上寡妇家的小孩子！我虽然死了，还有儿子，儿子又生孙子，孙子又生儿子，儿子还有儿子，儿子还有孙子，子子孙孙，一代代传下去，永远不会断绝。可是这两座山呢，却再也不会增高了，怎么怕平不了它!”

河曲智叟听了这话，无话可答。

山神听见了，怕他们没结没了地干下去，连忙去报告天帝。天帝被愚公的决心所感动，就派大力神夸蛾氏的两个儿子，背起两座大山，把一座放在朔方的东面，一座放在雍州的南面。从此以后，冀州之南，汉水之阴，就没有山陵的阻碍了。

단 어

老汉 lǎohàn 명 노인.
苦於 kǔyú 형 (~에) 괴롭다. 고생하다.
阻塞 zǔsè 동 가로막(히)다. 두절되다.
兜圈子 dōuquānzi 빙빙 돌다. 선회하다.
弯路 wānlù 명 굽은 길. 우회로.
便 biàn 부 (~하자마자) 곧. 바로.
商量 shāngliáng 동 상의하다. 의논하다. 상담하다.
拿 ná 동 부담하다. 내다.
搬 bān 동 (무거운 것이나 큰 것을) 운반하다. 옮기다.
掉 diào (동사 뒤에 보어로 쓰여) ~해 버리다. (소실 · 이탈 · 변화를 나타냄)
凭 píng 동 …에 의존하다.
怕 pà 동 ('我怕'나 '怕'의 형태로 谓语 앞에 와서 삽입어 성격을 가질 때) 아마 ~일 것이다.
土堆 tǔduī 명 토산. 작은 구릉.
挖 wā 동 파다.
再说 zàishuō 연 게다가.
尽头 jìntóu 명 막바지. 끝.
于是 yúshì 연 그리하여.

带领 dàilǐng 동 인솔하다. 안내하다.
挑担 tiāodàn 짐을 지다. 물건을 메다.
掘 jué 동 파다. 뜨다.
畚箕 běnjī 명 (방언) 키. 삼태기.
起劲 qǐjìn 동 기운이 나다. 흥이 나다. 열심이다.
趟 tàng 양 (왕래하는 횟수) 차례. 번.
精明 jīngmíng 형 총명하다.
傻 shǎ 형 어리석다. 고지식하다. 멍하다.
出力 chūlì 동 진력하다.
开导 kāidǎo 동 계몽하다. 선도하다. 계발하다.
无话可答 wúhuà kě dá 말문이 막히다. 대답할 말이 없다.
没结没了 méi jié méi liǎo 한도 끝도 없다.(=没完没了)
干 gàn 동 (일 등을) 하다.
连忙 liánmáng 부 급히. 바삐. 얼른.
背 bēi 동 짊어지다. 업다.
阴 yīn 명 산의 북쪽. 강의 남쪽.
阻碍 zǔài 명 동 방해(하다). 장애(가 되다).

고유명사

太行 Tàiháng 山西, 河北, 河南 三省의 경계에 있는 산.
王屋 Wángwū 山西 阳城 서남에 있는 산.
冀州 Jìzhōu 河北, 山西 두 省과 辽宁, 河南 두 省의 일부 지역. 현 河北省에 해당하는 지역.
河阳 Héyáng 河南省 孟县. 현 河北省과 河南省의 경계에 있는 지역으로 黄河의 북쪽에 위치함.
豫南 Yunán 豫州(河南省)의 남부. 豫(예)는 현재 河南省 지역을 가리킨다. 豫南은

黃河 이남의 지역을 지칭.

魁父 Kuífǔ 河南省 陈留县의 山名. 자그마한 토산의 이름.

隐土 Yǐntǔ 薄州라고도 하며, 대륙 동북의 평야 지역.

河曲 Héqū 옛 지명. 黃河가 굽이친 곳에 위치한 지역으로 현 山西省 남부.

夸蛾氏 Kuāéshì 옛 신화 속의 인물로 힘이 장사임.

朔方 Shuòfāng 朔(州). 옛 지명. 대체로 현 내몽고 지역을 가리킴.

雍州 Yōngzhōu 옛 九州의 하나로 黃河의 발원지인 서북 지역을 가리킴.

汉水 Hànshuǐ 陕西省에서 발원하여 湖北省 武汉에서 长江에 합류하는 강.

구문 분석 및 해설

1. 周围有七百里，高度有几万尺

'有'는 '有 + 〔수〕 + 〔량〕'의 형태로 쓰여, 시간 · 거리 · 무게 등이 일정한 정도에 이름을 나타낸다. '~만큼 되다, ~만 하다, ~이 되다' 등의 뜻이다.
他走了有三天了。
从学校到东大门大概有三公里。
这个西瓜足足五公斤。

2. 我跟你们拿出全部力量

'出'는 '〔动〕 + 出(+ 〔名〕)'의 형태로 쓰여 补语의 역할을 하며, 다음과 같은 의미를 지닌다.

(1) 사람이나 사물이 안에서 밖으로 움직임을 표시한다.
我跟你们拿出全部力量。
提出疑问说

(2) 동작의 완성을 표시하며, 아울러 숨었던 것이 드러나거나 없던 것이 생겼다는 뜻을 갖는다.
开出一条通到豫南、直达汉阴的大路。

3. 只怕连山上的几根草也拔不了，怎么搬得了那么多的泥土 · 石块!

동사 뒤에 붙어서 그 동작의 달성 가능성, 어떤 상황에 대한 도달 가능성을 나타내는 보어를 가능보어라고 한다. '拔不了'는 '〔동〕 + 得/不 + 동작의 결과를 나타내는 말'의 형태인데, '〔동〕 + 得了'는 가능을, '〔동〕 + 不了'는 불가능을 나타낸다.

拔不了

搬得了

4. 还比不上寡妇家的小孩子!

'比不上'은 '〔동〕 + 得/不 + 동작의 방향을 나타내는 말'의 구조로써 가능 보어를 이룬 형태이다. '比不上'은 '比得上'의 부정형태로서, '비교할 수 없다' '비교가 안 된다'의 의미를 나타낸다.

결과보어(结果补语)

동작이나 행위의 결과를 나타내는 보어이다. 동사나 형용사가 주로 보어로 쓰이는데, 일반적으로 형용사는 모두 보어로 쓸 수 있으나, 동사는 보어로 쓰이는 것이 한정되어 있다. 보어로 자주 쓰이는 동사의 예로 '见·成·完·住·懂·着·到' 등이 있다. 결과 보어로 오는 동사나 형용사는 대부분 단음절이며, 앞의 동사와 매우 긴밀한 관계를 갖기에, 하나의 단어처럼 인식되는 경우가 많다. 다음은 자주 쓰이는 결과 보어의 예들이다.

1. 完 ✔'완성했다' '다했다'라는 의미를 보충
   我看完那本小说了。
2. 懂 ✔'이해했다'라는 의미를 보충
   他的话我都听懂了。
3. 见 ✔(감각활동을 나타내는 동사의 뒤에 쓰여) '실제 체험했다'라는 의미를 보충
   昨天我宿舍楼前边看见她了。
4. 着(zháo) ✔'목표를 달성했다'는 의미를 보충
   刚才我找着了我的钱包。
5. 到 ✔'공간적 도착점' 및 '시간적 도착점' 혹은 '목표를 달성했다'는 의미를 보충
   成绩单已经寄到学生们的家里了。
   台风刮到晚上八点才停止了。
6. 好 ✔'원만하고도 완전하게 마쳤다'라는 의미를 보충
   我已经作好了练习。
7. 住 ✔'~한 상태를 유지하다'라는 의미를 보충
   你记住, 明天下午要去车站接客人。

8. 上 ✔ ⓐ'맞대다' '합쳐지다', ⓑ'존재하게 되다' '덧붙여지다', ⓒ'어려운 목적을 달성했다'라는 의미를 보충

ⓐ 前哨部队已经和敌人接触上了。

ⓑ 请你戴上帽子。

ⓒ 电冰箱他家也买上了。

방향보어(方向补语)

1. 다른 동사나 형용사 뒤에 와서 동작 행위의 방향이나 발전 변화의 진행 경로를 보충하여 표시해주는 동사를 말한다.

(1) 来 / 去

(2) 上 / 下 / 进 / 出 / 过 / 回 / 开 / 起 〔단순 방향 보어〕

(3) 上来 / 下去 / 进来 / 出去 / 过来 / 回去 〔복합 방향 보어〕

(1)의 방향 동사는 말하는 사람의 위치를 기준으로 하여 사용한다. (2)는 사람 이외의 사물이나 위치를 기준으로 사용하며, 나머지 (3)은 위 두 가지 케이스가 모두 적용된다. 예를 들어 설명하면 다음과 같다.

来 ✔ 상대방에게 말하는 사람 쪽으로 오라는 표시

进来 ✔ 위 의미 이외에도, 상대방에게 모종의 장소로 이동하라는 표시

위와 같은 방향 동사들은 단독으로 쓰이기보다는, 다른 동사나 형용사에 붙어 보어 역할을 수행한다. 다음 예문을 보자.

寄来 ✔ 보내 오다.

脫下 ✔ 벗어 내리다.(벗으면 대개 흘러내리기 때문)

说出 ✔ 말해 내다. (말이 입 밖으로 나오는 동작을 강조함)

拿过来 ✔ 가져오다.

热起来 ✔ 뜨거워지기 시작하다.

暗下去 ✔ 어두워지다.

따라서 이와 같은 방향 동사를 잘 구사하게 되면 중국어 문장이 활기를 띠게 된다.

2. 단순 방향 보어와 빈어의 위치

단순 방향 보어 뒤에 장소를 나타내는 빈어가 올 경우, 단순 방향 보어 바로 앞에 놓는다. 즉 '来'나 '去' 사이에 놓아야 한다.

他回家来了。(○)

他回来家了。(X)

만약 빈어가 사람이나 사물을 나타내는 것이면, 빈어는 보어 '来' 혹은 '去'의 앞이나 뒤에 모두 놓일 수 있다.

他寄来了一本小说。(○)

他寄一本小说来了。(○)

연습문제

1. 주어진 말을 이용하여 짧은 글을 지어 보시오.

   ① 只有

   ② 连~ 也~

   ③ 辛辛苦苦

   ④ 觉得

   ⑤ 连忙

2. 본문의 내용에 근거하여 아래 질문에 중국어로 답해보시오.

   ① 愚公은 어떤 인물인가요?

   ② 愚公과 智叟라는 이름이 상징하는 바는 무엇입니까?

   ③ 〈愚公移山〉으로 본 중국인의 성품에 대하여 말해봅시다.

模范丈夫

"我丈夫真笨，既不会喝酒又不会赌钱。"
"那你可真幸运，找了一个模范丈夫。"
"可是，他不会喝酒却偏要喝，不会赌钱却偏要赌!"

在什么人面前，人们总是要摘下帽子?

① 老师　② 总经理　③ 干部　④ 理发师

문화 상식

1. 〈愚公移山〉은 《列子 · 汤问》에 보인다. 《列子》의 작자 列御寇는 郑나라 사람으로, 春秋 말엽에서 战国 초기에 걸쳐 살았던 것으로 추정된다. 《汉书 · 艺文志》에 '이름은 圄寇이고, 庄子보다 앞사람으로, 庄子가 그를 언급한 바 있다(名圄寇, 先庄子, 庄子称之).'라고 하였다. 그가 썼다고 전해지는 《列子》 8卷을 살펴보면, 그가 孔子의 학설 가운데 '正名'의 사상을, 老子의 학설 가운데 '清静无为'의 사상을 취하고 있음을 알 수 있다. 후세 사람들이 그의 실존 여부, 생존 연대와 《列子》의 저작 연대 등에 대해 의심을 하였는데, 일부 사람들은 《列子》가 先秦时代의 저작이 아닌 후대의 伪作이라고 보고 있다. 先秦时代의 저작으로 보는 사람들도 대개 列御寇의 제자들이 집록한 것으로 보고 있다. 《列子》에는 고대의 신화와 전설이 여러 편 실려 있으며 寓言文 또한 많이 실려 있다.

〈愚公移山〉은 中国 古代의 寓言 중에서도 특히 유명한 것이다. 愚公이 집 앞을 가로막고 있는 산을 파내어 옮기고자 했다는 이 이야기는, 보는 각도에 따라 여러 가지 의미를 띤다. 자연을 개조하는 인간의 실천에 관한 이야기로 볼 수도 있고, '至诚이면 感天'이라는 사상의 표현으로도 읽을 수 있다. 현명한 '愚'公과 어리석은 '智'叟의 전도된 역할은, 老庄类의 상대주의를 드러내 보이기도 한다. 中国人들은 이 이야기가 '中华民族'의 민족성을 형상화한 것이라고 보기도 한다. 다양한 해석을 시도하는 것은 우언 읽기의 큰 즐거움이다.

2. 〈愚公移山〉이 누대에 걸쳐 끊임없이 노력하는 중국인의 끈질긴 국민성을 잘 보여주는 글이라면, 唐代 王之涣(688~742)이 지은 다음 시는 그

러한 중국인의 끊임없는 노력을 북돋우는 시로 중국인들이 가장 좋아하는 작품이다.

〈登鹳雀楼〉

白日依山尽, 밝은 해는 산에 기대어 기울어 가고,
黄河入海流. 누런 강물은 바다로 흘러드네.
欲穷千里目, 천리를 끝까지 보려고
更上一层楼. 다시 한 층을 오르네.

第5课 中国经济结构调整

国务院国有资产监督管理委员会主任李荣融13日在北京说，要完善国有资本有进有退、合理流动的机制，进一步推动国有资本更多地投向关系国家安全和国民经济命脉的重要行业和关键领域，增强国有经济的控制力。

李荣融在此间召开的全国国有资产监督管理工作会议上说，要全面理解、准确把握中央确定的国有经济布局和结构调整的方针政策，坚持有进有退、有所为有所不为。在遵循市场经济规律的前提下，进一步发挥出资人的作用，通过资产重组和结构调整，使其他行业和领域的企业在市场公平竞争中优胜劣汰。

他说，对市场机制不能或尚不能完全发挥作用的行业和领域，国有经济要积极发挥作用，保证经济和社会发展的需要。国有经济发挥主导作用的方向、重点不是一成不变的，国有经济在不同产业、不同地区的数量和比重也可以有所差别。国有经济在国民经济中发挥主导作用，仅靠中央企业是不够的，各地国资委监管的国有重点企业也要发挥骨干作用。

统计资料显示，从1998年到2003年，国有及国有控股企业从23.8万家减少到15万家，减少了40%；这些企业实现利润从213.7亿元人民币提高到4951.2亿元，增长了22.2倍。国有企业资产总额从14.9万亿元增加到19.7万亿元，净资产从5.21万亿元增加到8.36万亿元。

李荣融说，从整体上看，中国国有经济分布仍然较宽，布局不尽合理。进一步搞好国有企业，更好地发挥国有经济在国民经济中的主导作用，必须加快推进国有经济布局和结构调整。从战略上调整国有经济布局和结构，目的是提高国有经济的整体素质，增强国有经济的活力和竞争力。国资委根据国务院授权，依照法律行使出资人职责，直接管理和监督178家国有大型企业。

단 어

完善 wánshàn 동 완벽하게 만들다. 형 완벽하다.

机制 jīzhì 명 시스템. 메커니즘. 체계적으로 작동하는 원리. 扎实推进机制创新.

推动 tūidòng 명 동 추진(하다). 시행(하다).

投向 tóuxiàng 명 동 투입(하다). 주입(하다).

行业 hángyè 명 직업. 종사분야.

召开 zhàokāi 동 (모임이나 회의 등을) 개최하다.

布局 bùjú 명 동 구성(하다). 배치(하다). 网页的布局设计变得越来越重要.

遵循 zūnxún 동 (규칙이나 법을) 준수하다. 따르다. 必须遵循市场经济活动的基本原则.

重组 chóng zǔ '重新组织'의 준말. 새롭게 조직하다. (기업)구조조정. 我国上市公司进行资产重组的越来越多.

优胜劣汰 yōu shèng liè tài 우수한 것은 살아남고 열악한 것은 도태된다.

尚 shàng 부 아직.

控股 kònggǔ 동 (기업의) 주식지분을 소유해서 지배권을 장악하다. 주식을 조절하다. 명 지주회사. 由公司投资控股的企业共8家.

授权 shòuquán 동 권한을 위임하다. 권한을 양도하다. 명 권한위임. 권한양도.

依照 yīzhào 동 의거하다. 따르다.

구문 분석 및 해설

1. 进一步推动国有资本更多地投向关系国家安全和国民经济命脉的重要行业和关键领域

'推动'은 사역의 의미로 쓰였다. 사역동사의 목적어(겸어)는 '国有资本'이고 동사는 '投向', 그 나머지는 '投向'의 목적어이다.

2. 通过资产重组和结构调整，使其他行业和领域的企业在市场公平竞争中优胜劣汰

'通过'는 연동구에서 첫 번째 동사로 많이 사용된다. '使'는 사역동사의 전형이다. 사역동사 '使'의 목적어(겸어)는 '其他行业和领域的企业'이다.

3. 对市场机制不能或尚不能完全发挥作用的行业和领域

'对'는 개사로서, 나머지 전부를 목적어로 갖는다. 일반적으로 목적어가 긴 경우, 주어 앞에 놓인다.

4. 仅靠中央企业是不够的

'仅靠～是不够的'는 '단지 ～에만 의존해서는 부족한 것이다'라는 의미이다.

5. 发挥骨干作用；发挥国有经济在国民经济中的主导作用

'发挥～作用'는 '～의 기능을 수행하다'의 의미이다.

6. 减少到15万家，减少了40%

'减少到～'는 '～까지 감소하다'인 반면, '减少了～'는 '～만큼의 양이 감소했다'를 의미한다. 전자와 유사한 표현으로는 본문 중의 '提高到4951.2亿元' '增加到19.7万亿元' 등이 있고, 후자의 예로는 '增长了22.2倍'가 있다.

7. 目的是提高国有经济的整体素质

'目的是～'와 같은 구문은 일반적으로 앞 문장에 이어서 등장하는데, 그 앞 문장에서 말하는 내용의 목적을 보충 설명하는 형식이다.

8. 国资委根据国务院授权，依照法律行使出资人职责，直接管理和监督178家国有大型企业

'根据'와 '依照'는 연동구의 앞 동사로서 '～에 근거하여' '～에 의거하여'라는 의미로 사용되었으며 각각 '国务院授权'과 '法律'가 목적어로 쓰였다. 뒤의 동사로는 '行使' '管理' '监督'이 있다.

시량보어(时量补语)

1. 시량보어는 하나의 동작이 진행되거나 상태가 지속되는 시간의 길이를 나타내는 성분이며, 동사의 바로 뒤에 위치한다.

   他病了两天, 没有来上课。

   我小时候在农村住过一年多。

2. 시량보어를 동반하고 있는 동사가 빈어를 함께 동반하고 있을 때의 처리 방법은 다음의 두 가지가 있다.

   (1) 동사를 반복하여 사용하면서, 빈어는 앞 쪽 동사의 뒤에 두고, 시량보어는 뒤 쪽 동사의 뒤에 둔다.

   我们唱歌唱了半个小时了。

   他学汉语学了两年。

   동사를 반복하여 사용할 경우에는 동사와 관련된 부사, 조동사, 시태조사 등은 뒤 쪽 동사에 붙여 사용한다.

   昨天我打球只打了半个小时。

   他写汉字要写两个小时。

   (2) 동사를 반복하지 않으면서 동사의 뒤에 시량보어와 빈어를 나란히 놓을 수 있는데, 이 경우에는 빈어가 일반명사인가 인칭대사인가에 따라 그 위치가 달라진다.

   빈어가 일반 명사이면 보통 빈어의 앞에 시량보어를 위치시키며, 시량보어의 뒤에는 '的'를 쓸 수도 있다.

   我们唱了半个小时(的)歌了。

   他学了两年(的)汉语。

   빈어가 인칭대사일 경우에는 빈어의 뒤에 시량보어를 위치시킨다.

   我等了你一个小时。

   我帮了他已经一个星期了。

3. 동작이 지속될 수 없는 성질의 것일 때는, 시량보어가 그 동작이 이루어진 이후 경과한 시간을 나타내게 된다. 이러한 경우에는 빈어가 있어도 동사를 반복하지 않으며, 시량보어는 빈어의 뒤에 위치시킨다.

他大学毕业一年了。

她结婚已经差不多三年了。

위와 같은 표현의 경우 시량보어의 앞에 '有'가 있어도 의미상의 변화가 없다.

他大学毕业有一年了。

她结婚已经差不多有三年了。

연습문제

1. 주어진 말을 이용하여 짧은 글을 지어 보시오.

   ① 在~的前提下

   ② 仅靠~是不够的

   ③ 从~减少到~

   ④ 目的是~

   ⑤ 根据~

2. 본문의 내용에 근거하여 아래 질문에 중국어로 답해보시오.

   ① 본문에는 국유경제, 국유자본 등이 등장하며 이에 대해 시장경제라는 용어도 사용되었습니다. 본문에 근거해서 그 차이점을 기술하시오.

   ② 본문에서는 국유자본의 구조조정을 통해서 시장경제에 적응하고 경쟁력이 없는 여타분야의 부실기업은 과감히 도태시켜야 한다는 점을 말하고 있습니다. 그 내용을 담은 원문을 적으시오.

情人节

我总觉得中国人没必要过洋人的节日。但老婆对这类的异国情调特别讲究。2月14日的前两天就有意无意地旁敲侧击: “老公,今天12号了吧?” “老公, 现在街上的饭店好象都有特别节目哦。” 情人节那天中午打电话给老婆, 告诉她晚上不用回家做饭, 下班直接到外面吃, 乐得她在电话那头屁颠屁颠的。晚上接到她后, 直接拖到一路边店吃拉面, 两人共花8块钱, 我被海扁一顿, 一路无话到家。当她进门看见桌上的玫瑰时, 我再次被海扁一顿, 这次拳头落在身上很轻。

有一种东西, 买的人知道, 卖的人也知道, 只有用的人不知道。请问, 这是什么东西?

① 汽车　② 电话机　③ 电脑　④ 棺材

第6课 北京的文化遗产

北京以千年古都闻名于世，具有丰富的旅游资源。在北京，我们不单可以观赏温带气候下的自然美景，品尝中国各地的美味佳肴，体味中国古老的艺术文化，还可以游览众多名胜古迹！另外，北京出产的象雕、玉雕、景泰蓝、地毯等传统手工艺品也驰名于世。

北京市区中心点的紫禁城，是明清两朝二十四代帝王的宫殿。古代用紫微垣来比喻帝王宫殿，秦汉时皇帝居住的地方又称为'禁中'，意思是门户有禁，不得随便入内，所以旧称宫城为紫禁城。紫禁城是世界上最大、最完整的古建筑群，保留许多稀世文物，可以说是中国古代建筑和艺术的精华。紫禁城的正门是天安门城楼，整座建筑营造出一种皇权至尊的威严。天安门广场可以同时容纳一百万人，现在仍然是中国举办重要庆典的场地。天安门广场上每天日出时分的升旗仪式已经成为北京的一大景观。

位于紫禁城西北侧的北海，是一座山明水秀、风景如画的古老园林。它有近千年的历史，是中国皇家园林中的一颗璀璨明珠。北海以琼岛为中心，琼岛又以白塔为主要景观。琼岛的东、西、北麓景观更为别致，湖水中的五龙亭似飘若动，构成了北海又一独特景致。此外，位于北岸的九龙壁，气势雄伟，为中国仅有的三个九龙壁之一。

世界奇迹万里长城在北京地区绵延数百里，它是从太空中唯一能看到的人类建筑。长城绵亘中国十一个省、市、自治区，西起嘉峪关，东到鸭绿江，全长约12,600华里。它不仅是雄伟的军事工程，也是非凡伟大的古老建筑之一。长城始建于春秋战国时期，各诸侯国为互相防御和抵御游牧民族的侵扰，在地形险要之处相继兴筑长城。秦始皇统一中国后，把从前的长城连接了起来。

经过自然和人为因素的毁坏，保存到今天的大都是断断续续的遗迹。在这些遗迹中保存最完整、最坚固、最雄伟的是明代长城。位于延庆县境内的八达岭长城，就是明代长城的精华。它是长城中保存最完好的一段，也是最具代表性的一段。“不到长城非好汉”，登上八达岭长城，山峦起伏的北方山势，尽收眼底。长城因山势而雄伟，山势因长城更加险峻。

단 어

闻名于世 wénmíng yú shì 세계적으로 명성이 있다. 세계적으로 유명하다.

品尝 pǐncháng 동 맛보다. 먹어보다. 시식하다

美味佳肴 měiwèi jiāyáo 명 맛있는 음식. 좋은 요리.

体味 tǐwèi 동 직접 맛보다. 몸소 체험하다. 직접 느끼다.

景泰蓝 jǐngtàilán 명 경태람. 무늬를 넣은 구리 그릇의 표면에 법랑(珐琅)을 바른 다음 불에 구워 만들며, 장식용으로 쓰는 북경 특산의 공예품.

驰名于世 chímíng yú shì 세계에 이름이 알려지다. 세계적으로 명성을 날리다.

紫微垣 zǐwēiyuán 명 자미원. 천제(天帝)가 산다는 별자리 이름. 자미궁(紫微宫)이라고도 부르며, 북두칠성의 북쪽에 있다.

稀世 xīshì 형 세상에 드물다. 매우 진귀하다.

营造 yíngzào 동 짓다. 건축하다. (건물 등을) 조성하다.

庆典 qìngdiǎn 명 경축 행사. 축하 의식.

升旗 shēngqí 동 깃발을 올리다. 기를 게양하다.

山明水秀 shān míng shuǐ xiù 산 좋고 물 맑다. 산수가 아름답다.

风景如画 fēngjǐng rú huà 풍경이 아름답다. 풍경이 그림 같다.

璀璨 cuǐcàn 형 반짝반짝 빛나다. 광채가 찬란하다.

明珠 míngzhū 명 야명주. 야광구슬. 보배.

麓 lù 명 산기슭.

别致 biézhì 형 색다르다. 독특하다.

似飘若动 sì piāo ruò dòng 날아오를 듯하다. 바람에 나부끼는 것 같다.

雄伟 xióngwěi 형 웅장하고 위대하다. 웅대하다. 우람하다.

仅有 jǐnyǒu ~ 밖에 없다. ~만 있다.

绵延 miányán 형 길게 이어지다. 끊이지 않다. 면면히 이어지다.

绵亘 miángèn 형 길게 이어져 있다. 길게 뻗쳐 있다. 연달아 끊이지 않다.

抵御 dǐyù 동 막아 내다. 방어하다.

侵扰 qīnrǎo 명 동 침략(하다). 쳐들어 와 소란을 피우다.

兴筑 xìngzǔ 동 건립하다. 건축하다. 건설하다.

毁坏 huǐhuài 동 훼손하다. 파괴하다. 부수다.

断断续续 duànduànxùxù 형 끊어졌다 이어졌다 하다. 단속적이다.

山峦 shānluán 명 계속 이어져 있는 산. 연산

起伏 qǐfú 형 (산이나 언덕 등이) 높아졌다 낮아졌다 하다. 기복이 있다.

尽收眼底 jìn shōu yǎn dǐ 전체가 눈에 들어오다. 한눈에 다 보이다.

고유명사

北海 Běihǎi 북경에 있는 황실 정원의 이름.

琼岛 Qióngdǎo 경도. 북해(北海)에 있는 섬. 경화도(琼华岛)라고도 부른다.

白塔 Báitǎ 백탑. 경도(琼岛)에 있는 라마교 탑.

五龙亭 Wǔlóngtíng 오룡정. 북해 내에 있는 정자의 이름.

九龙壁 Jiǔlóngbì 구룡벽. 아홉 마리의 용을 부조로 새긴 벽. 중국의 자금성(紫禁

城)과 북해(北海) 그리고 산서성(山西省) 대동시(大同市)의 동대가(东大街) 등에 구룡벽이 있다.

嘉峪关 Jiāyùguān 가욕관. 감숙성(甘肃省) 주천현(酒泉县)에 있는 만리장성 관문의 하나.

春秋战国时期 Chūnqiū Zhànguó shíqī 춘추전국시대. 기원전 770年부터 221年에 이르는 기간을 말하며, 东周 때의 혼란한 시기이다.

秦始皇 Qínshǐhuáng 진시황. 천하를 통일하여 전국시기(战国时期)를 마감하였으며, 최초로 황제(皇帝)라는 칭호를 사용하였다.

延庆县 Yánqìngxiàn 연경현. 북경의 서북부에 위치한 현.

八达岭 Bādálǐng 팔달령. 연경현(延庆县)의 거용관(居庸关) 밖에 있는 고개의 이름.

구문 분석 및 해설

1. 北京以千年古都闻名于世，具有丰富的旅游资源

‘以’가 개사로 쓰이면 동작의 ‘수단’이나 ‘방식’ 혹은 ‘원인’을 나타낸다.

我以朋友的身份劝你不要这样。

我们要以高标准要求自己。

韩国以秀丽山水著名。

그래서 ‘以～ 为～’ 구조는 ‘～을 ～으로 만들다’ ‘～을 ～으로 삼다’ ‘～을 ～으로 여기다’의 의미를 구성한다.

北海以琼岛为中心，琼岛又以白塔为主要景观。

以古长安为起点的‘丝绸之路’

‘具有’, ‘含有’, ‘拥有’, ‘收藏有’의 경우와 같이 동사 뒤에 사용되는 ‘有’는 동작이나 행위의 결과가 존재함을 나타내는데, 동사와 긴밀히 결합되어 하나의 단어로 인식된다.

黑板上写有‘安静’两个字。

2. 我们不单可以观赏温带气候下的自然美景，还可以游览众多名胜古迹

‘不单～，还～’는 전,후의 분구가 의미상 점층적 관계에 있는 복문을 구성하며, ‘～할 뿐만 아니라, ～하기도 하다’로 해석된다. 이와 유사한 관련사어(关联词语)로는 ‘不但(不仅，不只)～，而且(并且，也，还)～’를 들 수 있다.

他不但会说汉语，而且说得很流利。

连词不仅连接词语，也可以连接分句。

它不仅是古代最雄伟的军事防御工程，也是世界上最非凡最伟大的古老建筑之一。

3. 古代用紫微垣来比喻帝王宫殿

‘来’가 다른 동사의 앞이나 뒤에 쓰이면, ‘어떤 일을 하려고 한다’라는 점을 나타내며, 이 때의 ‘来’는 사용하지 않아도 의미상의 변화는 없다.

尽一切力量来完成计划。

4. 意思是门户有禁，不得随便入内，所以旧称宫城为紫禁城

‘门户有禁’은 ‘관문에 금지함이 있다’라고 직역되며, 출입을 통제한다는 뜻이다. 위 문장에서의 ‘得’는 ‘能’과 같은 종류의 조동사이며, ‘不得’는 ‘不能’과 의미가 같다.

5. 整座建筑营造出一种皇权至尊的威严

‘整’은 ‘남거나 부족함이 없는 전체’를 의미하며, ‘整天’ ‘整套’ ‘整体’ 등에서의 ‘整’이 이것에 해당한다.

방향보어 ‘出’는 때로 동작의 완성을 나타내는데, ‘없던 것을 만들어 냈다’ ‘숨겨져 있던 것을 드러냈다’라는 의미를 더해 준다.

我们要挤出时间。

我看出了她的心事。

6. 位于北岸的‘九龙壁’，气势雄伟，为中国仅有的三个九龙壁之一

본 문장에서의 ‘为(wéi)’는 계사 ‘是’에 해당하는 서면어이다.

‘于‘는 서면어(书面语) 개사인데, 동사의 뒤에 쓰이면 ‘장소’ ‘시간’ ‘방향’ ‘대상’ ‘원인’ ‘피동’ ‘비교’ 등의 다양한 의미를 나타낸다.

一九八七年毕业于汉阳大学。

中华人民共和国成立于一九四九年。

从事于科研

不满足於这种方式
忙于写报告
日本队败于韩国队
一华里相当于半公里。

7. 秦始皇统一中国后，将从前的长城连接起来

'将'이 개사로 쓰이면 '把'와 같은 의미를 가진다.
복합방향보어 '起来'는 모아짐을 나타내기도 하는데, '团结起来' '结合起来' 등의 경우가 그 예이다.

8. 保存到今天的大都已是断断续续的遗迹

여기에서의 '大都'는 부사로서, '대부분' '대체로'의 의미를 나타낸다.

9. 全聚德烤鸭来自山东

书面语 개사 '自'는 동사의 앞이나 뒤에 쓰여서 그 동작의 '공간적, 시간적 출발점'을 표시한다.
本次列车自北京开往乌鲁木齐。
我来自韩国。

조동사(助动词)

조동사는 동사나 형용사의 앞에 놓이고, 동사나 형용사를 도와 가능, 당위, 필요, 희망, 의지 등의 의미를 추가한다. 조동사는 그것들이 추가하는 의미 때문에 능원동사(能愿动词)라고 부르기도 한다. 자주 쓰이는 조동사들을 정리하면 다음과 같다.

1. '想'

我很想上大学。

我想去桂林旅行。

2. '要'

(1) 희망, 의지

의지를 나타내는 '要'의 부정형은 '不想'이다.

你要学滑冰吗?

我不想学滑冰, 我要学滑雪。

(2) 의무, 당위

당위를 나타내는 '要'의 부정형은 두 가지로 쓸 수 있는데, '不用'을 쓰면 '~할 필요가 없다'이고, '不要'를 쓰면 대부분 '~해서는 안된다'는 금지를 나타낸다.

明天我要不要带朋友来?

你不用带朋友来。

你不要带朋友来。

* 口语에서는 '不用'을 '甭 béng'으로 쓰는 경우가 많다.

告诉他, 甭来!

(3) 가능

가능을 나타내는 '要'의 앞에는 '会'가 올 수 있고, 문구의 끝에는 '的'가 동반될 수 있으며, 부정형은 '不会'이다.

会议大概要到月底才能结束。

看样子(会)要下雨。

今天不会下雨。

(4) 추측

'要'가 비교문에 쓰이면 추측의 의미를 나타낸다.

他要比我走得快些。

你比我要了解得多。

(5) 가까운 미래

이 경우에는 '要'의 앞에 '快'나 '就'가 쓰일 수 있으며, 문장의 끝에는 반드시 '了'가 동반된다.

他要回来了。

他快要毕业了。

3. '能', '能够'

우리말의 '할 수 있다'라는 말은 '~할 능력이 있다'라고 하여 개인의 육체적, 정신적 역량을 나타내는 말로 해석될 수도 있고, '~해도 된다'라고 해서 상황이나 조건상 어떤 행동이 허락됨을 나타내는 말로 해석될 수도 있다. '能'과 '能够'는 '가능'을 나타내는 조동사 가운데 의미 범위가 가장 넓어서, 육체적 정신적 역량에서부터 상황이나 조건상의 가능 여부까지를 모두 나타낼 수 있는 조동사이다.

这些困难你能不能克服?

他的腿伤好了，现在能走路了。

这儿能不能抽烟?

这个人真能说话。

4. '可以'

'可以'는 상황이나 조건상 가능하거나 허락되는 것을 나타낸다.

这间屋子可以住四个人。

这个大操场可以打篮球吗? 不能打篮球, 可以踢足球。

* '不能'은 '~할 수 없다'와 '~해서는 안 된다'의 두 가지로 해석될 수 있지만, '不可以'는 주로 '~해서는 안 된다'는 '금지'의 의미로 해석되는 것이 상례이다.

我可以出去玩儿吗? 不可以, 你要练习钢琴。

5. '会'

(1) 능력

我会说汉语, 也会说英语。

现在他会说普通话了。

他很会唱歌。

他真能会说道理。

(2) 추측

今天下午会下雪。

现在他不会在家里。

6. '应该' '应当' '该'

学习应该认真。

说话写文章都应当简明扼要。

这个目标, 经过努力应当可以达到。

7. '得'(děi)

遇事得跟大家商量。

这麽晚才回去, 妈又得说你了。

8. '准备' '预备'

中秋节我准备回家。

연습문제

1. 北京的紫禁城是什么时候建造的？

   ① 宋代　　② 元代　　③ 明代　　④ 清代

2. 西安、洛阳、北京、南京都曾作过中国历史上统一王朝的都城，作都城的时间最长的城市是哪个？

   ① 西安　　② 洛阳　　③ 北京　　④ 南京

3. 주어진 말을 이용하여 짧은 글을 지어 보시오.

   ① 以～ 为～

   ② 不单～ ～, 还～ ～

   ③ 随便

   ④ 整天

   ⑤ 来自～

4. 본문의 내용에 근거하여 아래의 물음에 중국어로 답해보시오.

   ① '紫禁城'이라는 이름은 어떻게 유래하였습니까?

   ② 만리장성을 축조하게 된 원인은 무엇입니까?

   ③ 현재 남아있는 八达岭长城은 언제 축조된 것입니까?

我的愿望

一天，小华上作文课，作文题目是：「我的愿望」。

小华写著：「我第一个愿望是希望有个可爱的宝宝，第二个愿望是希望有个好丈夫。……。」

作文簿发下来后，只见老师评语处写到：「请注意先后次序!」

没有病让我住医院，有了急病让我出院，来回奔波为战友，救死扶伤跑在前。请问，我是什么?

① 消防车　② 汽车　③ 救护车　④ 无轨电车

第7课 汉人为什么恨狗骂狗

从古到今，在蒙古草原，狗是人们的战友、密友和义友。草原人的生存靠的是两项主业—狩猎业和游牧业。草原人打猎靠狗、守羊靠狗，狗是比中原农民的耕牛还重要的生产工具和畜群卫士。狗比牛又更通人性，是草原人排遣原野寂寞的不可缺少的情感依托和精神伴侣。蒙古草原地广人稀，环境险恶，草原狗还有报警救命的奇功。例如蒙古男人都贪酒，常有喝醉了还骑马回家、 摔下马被冻死在雪地里的事情。

其中有的人没有死，就是因为他带了狗。狗奔回家，叼著女主人的皮袍，叫来人，才把男主人从深雪里救回家的。所以，在蒙古草原，杀狗、吃狗肉、剥狗皮和睡狗皮褥子的行为，被草原人视为忘恩负义、不可饶恕的罪行。

从前中原大地的汉人没有游牧业，也没有多少猎人，能吃的东西都让汉人打光了、吃光了，汉人就不知道狗的好处了。汉人人口多，不冷清，不需要狗来陪人解闷。汉人有几十种骂狗的话 ：狼心狗肺，猪狗不如，狗屁不通，狗娘养的，狗杖人势，狗急跳墙，鸡狗升天，狗眼看人低，狗腿子，痛打落水狗，狗坐轿子不识抬举，狗嘴里吐不出象牙，狗拿耗子多管闲事，肉包子打狗有去无回……，甚至文化大革命时又成了政治口号，全国都在“砸烂刘少奇的狗头”、“打倒刘少狗”，西方人也弄不懂中国人为什么总拿狗来说事儿。

汉人为什么恨狗骂狗？主要是因为狗不合汉人的规矩。你知道古时候中国有一个圣人叫孔子吗？他给中国人定了许多做人的规矩，千百年来，中国人全都得照那些规矩做。谁要是不照着做，谁就是野蛮人。可是狗的毛病，正好不合孔子定的规矩。例如孔子教人要有礼貌，好客尊客。可是狗见了生人，不管是穷人富人，老人孩子，亲朋好友，还是远道来的尊贵客人，冲上去就乱吼乱咬，让讲究礼仪的汉人觉得很失礼、很丢面子、很生气。又如孔子教人男女不能乱来乱伦乱搞，要是乱搞，就会受到严厉的处罚。可是狗呢，狗不管是自己兄弟姐妹、还是父女、母子，都可以乱搞乱配。汉人就害怕了，恨透了，怕人跟狗学坏。又如孔子叫人要穿得乾净，吃得也要乾净。可是狗喜欢吃人屎，这真让汉人讨厌恶心透了。

还有一点，是汉人里面穷人养狗的少，穷人连自己都吃不饱，哪有粮食喂狗。可是富人就能养狗看家护院，还经常放狗出来咬穷人，也让大多数穷人恨狗。所以汉人骂狗、杀狗、吃狗肉也就不奇怪了，而且吃过狗肉的人都说狗肉很香。汉人说猪可以杀吃，羊可以杀吃，为什么狗就不能杀吃？这些都是人养的畜生嘛。汉人恨狗杀狗吃狗，最根本的一条就是从前汉人是农业民族，不是游牧民族。从前的韩国文化跟中国汉人文化差不多，因此，韩国人恨狗骂狗吃狗也就不稀奇了。

단 어

从古到今 cóng gǔ dào jīn 예로부터 지금까지.

畜群卫士 chùqún wèishì 명 가축을 지키는 호위병

通人性 tōng rénxìng 동 인간답다. 인간의 품성을 닮았다. 인간을 잘 이해한다.

地广人稀 dì guǎng rén xī 땅은 넓고 사람은 적다.

环境险恶 huánjìng xiǎn'è 환경이 험악하다.

奇功 qígōng 명 훌륭한 공적

贪酒 tān jiǔ 동 술을 너무 좋아하다.

叼 diāo 동 입에 물다.

褥子 rùzi 명 요.

忘恩负义 wàng ēn fù yì 배은망덕(背恩忘德)하다.

饶恕 ráoshù 동 용서하다. 사면하다.

解闷 jiěmèn 동 ①답답함을 풀다. ②기분을 전환하다.

狼心狗肺 láng xīn gǒu fèi 이리의 심장에 개의 폐. 흉악하고 잔인한 마음(사람).

猪狗不如 zhū gǒu bù rú 돼지나 개만도 못하다. 짐승만도 못한 놈.

狗屁不通 gǒu pì bù tōng 개방귀처럼 말도 안되는 헛소리. 개소리.

狗娘养的 gǒu niáng yǎng de 어미 개가 기른 자식. 개자식.

狗杖人势 gǒu zhàng rén shì 개가 사람 믿고 설치다. 주제넘게 설치다. 권세를 믿고 남을 괴롭히다.

狗急跳墙 gǒu jí tiào qiáng 개도 급하면 담장을 넘는다. 궁지에 몰리면 무슨 짓이라도 한다. 궁한 쥐가 고양이를 문다.

鸡狗升天 jī gǒu shēng tiān 닭과 개마저도 하늘로 올라간다. 주인이 잘 되면 하인들마저 권세를 부린다.

狗眼看人低 gǒu yǎn kàn rén dī 개의 눈이 사람을 낮추어 본다. 곤궁한 사람을 업신여기다. 약자를 개무시하다.

狗腿子 gǒu tuǐzi 개다리. 앞잡이. 주구(走狗).

痛打落水狗 tòng dǎ luò shuǐ gǒu 물에 빠진 개를 두들겨 패다. 궁지에 몰린 사람을 숨돌릴 틈을 주지 않고 계속 몰아치다. 인정사정 없이 몰아치다.

狗坐轿子不识抬举 gǒu zuò jiàozi bù shí táijǔ 개가 가마에 타면 가마 드는 수고를 모른다. 자기에 대한 호의를 무시하다. 은혜를 모르다. 배은망덕하다.

狗嘴里吐不出象牙 gǒu zuǐ li tǔ bù chū xiàngyá 개 입에서 상아를 토해 낼 수는 없다. 비열한 인간은 고상한 말을 할 수 없다. 개소리다.

狗拿耗子多管闲事 gǒu ná hàozi duō guǎn xián shì 개가 쥐를 잡다니 쓸데없는 일에 참견하다. 쓸데없이 참견하다.

肉包子打狗有去无回 ròu bāozi dǎ gǒu yǒu qù wú huí 고기 만두로 개를 때리면 얻는 게 없다. 전혀 회수가 안된다. 밑빠진 독이다.

砸烂 zálàn 동 짓이기다. 잘게 빻다.

规矩 guīju 명 규칙. 표준. 법칙.

好客尊客 hàokè zūnkè 손님을 좋아하고 손님을 존중한다.

生人 shēngrén 명 낯선 사람. (=陌生人)

亲朋好友 qīnpéng hǎoyóu 명 절친한 친구

乱吼乱咬 luàn hǒu luàn yǎo 마구 짖고 마구 물다.

丢面子 dīu miànzi 동 체면이 깍이다. 망신당하다.

乱来 luàn lái 동 함부로 하다. 닥치는데로 하다.

乱搞 luàn gǎo 동 함부로〔제멋대로〕 하다. 혼외 정사를 갖다.

乱配 luàn pèi 동 제멋대로 짝짓기를 하다. 함부로 교접하다.

郡心 ěxīn 명 동 오심(이 일어나다). 구역질(이 나다). 혐오감을 일으키다. (발음 주의 : è xīn 명 악심. 악한〔나쁜〕 마음.

喂狗 wèi gǒu 동 개를 사육하다. 개에게 먹이를 주다.

看家护院 kàn jiā hù yuàn 집을 지키고 정원을 보호하다.

고유명사

蒙古 Měnggǔ 몽골. ~话 : 몽골어. 몽골 말

中原 Zhōngyuán 중원. 황하의 중류. 하류에 걸친 땅으로 하남성 대부분과 산동성 서부 및 하북. 산서성 남부를 포괄한다. (비유) 각축장. 경쟁장.

文化大革命 Wénhuà dà gémìng 문화대혁명.

汉人 Hànrén 한족(汉族). 중원 민족.

구문 분석 및 해설

1. 从古到今，在蒙古草原，狗是人们的战友、密友和义友。草原人的生存靠的是两项主业—狩猎业和游牧业。

'草原人的生存靠的是两项主业'에서 '靠的'는 '的字构造'인데, 자세한 것은 어법설명 코너를 참고. '草原人的生存靠的是两项主业'은 〔주어 + 술어〕 구조 뒤에 '的'가 붙은 것으로, 직역하면 '초원 사람들의 생존이 의지하는 것은 두 가지 주된 생업이다'가 되며, 부드럽게 의역하여 '초원 사람들은 살아가면서 두 가지 주된 생업에 의지하는데, 그것은 수렵과 목축이다' 정도로 처리하면 무난하다. '两项'의 '项'은 '양사'이다.

2. 草原人打猎靠狗、守羊靠狗，狗是比中原农民的耕牛还重要的生产工具和畜群卫士。狗比牛又更通人性，是草原人排遣原野寂寞的不可缺少的情感依托和精神伴侣。

'狗是比中原农民的耕牛还重要的生产工具和畜群卫士', 이 구절은 'A比B还C'의 구문으로서 'A는 B보다 C하다'는 뜻이다. 바로 뒤에 나오는 '狗比牛又更通人性', 이 구절 역시 같은 구문이다. '通人性'은 '사람과 마음이 통한다'는 뜻으로 '사람을 이해한다' 정도로 해석하면 무난하다.

3. 所以，在蒙古草原，杀狗、吃狗肉、剥狗皮和睡狗皮褥子的行为，被草原人视为忘恩负义、不可饶恕的罪行。

'杀狗、吃狗肉、剥狗皮和睡狗皮褥子的行为， 被草原人视为忘恩负义、不可

饶恕的罪行', 이 문장은 복잡해 보이지만, 실은 'A被B视为C'의 구문으로 'A는 B에 의해 C로 간주 된다'는 뜻이다. 피동태이므로 'B는 A를 C로 간주 한다' 정도로 해석하는 것이 자연스럽다. 위 문장에서 A는 '杀狗、吃狗肉、剥狗皮和睡狗皮褥子的行为'인데, 〔주어 + 술어〕 구조의 네 구절이 顿号(dunhao)로 연결되면서 '行为'를 수식해주고 있다. '行为'는 그 다음 구절의 주어 역할을 한다. C는 '忘恩负义、不可饶恕的罪行'인데, 이것도 역시 顿号(dunhao)로 연결되면서 '罪行'을 수식하고 있다. 따라서 위 문장은 '～行为被草原人视为～罪行'으로 '～행위는 초원 사람들에게 ～죄악으로 간주 된다'로 파악하면 쉽다. 한편 '被草原人视为'에서 '为'는 결과보어로 사용되었는데, 보어 '为'가 없으면 틀린 문장이므로 주의해야 한다.

4. 从前中原大地的汉人没有游牧业，也没有多少猎人，能吃的东西都让汉人打光了、吃光了，汉人就不知道狗的好处了。

'打光了、吃光了'의 '光'은 결과보어로서 동작의 결과를 보여준다. 따라서 '打光了'는 '사냥한 결과 남김없이 포획하여 없다'는 뜻이며, '吃光了'는 '먹어치운 결과 아무 것도 남기지 않았다'는 뜻이다. 우리말로 하면 '싹쓸이 했다'는 뜻이다.

5. 全国都在"砸烂刘少奇的狗头"、"打倒刘少狗"，西方人也弄不懂中国人为什么总拿狗来说事儿。

'砸烂'의 '烂', '打倒'의 '倒'는 모두 '동사의 보어'로서 동작의 결과를 나타낸다. 그러므로 '결과 보어'라고도 한다. 따라서 '砸烂'은 '부수어서 문드러지게 한다'는 뜻이고, '打倒'는 '구타해서 쓰러뜨린다'는 뜻이다.

6. 他给中国人定了许多做人的规矩，千百年来，中国人全都得照那些规矩做。

‘他给中国人定了许多做人的规矩’에서의 ‘给’는 개사로 사용되었으며 ‘替’나 ‘为(wèi)’의 뜻이다. 이 문장은 ‘他 + 给中国人 + 定了许多做人的规矩’로 파악하면 쉽다. ‘그는 중국인에게(을 위하여) 인간의 도리를 많이 규정했다’는 뜻이다. 문장 속의 ‘定了许多做人的规矩’는 ‘定了 + 许多 + 做人的 + 规矩’로 파악하면 쉽다. ‘定了规矩’ 사이에 ‘许多 + 做人的’가 삽입되었다고 보면 된다. ‘定了规矩’는 규정을 정했다는 뜻인데, 어떤 규정인가 하면 ‘做人’에 관련된 것이란 뜻이다. ‘做人’은 ‘사람된 도리’, ‘许多’는 ‘많은’, 그러므로 ‘이런저런 사람된 도리를 많이 규정했다’는 뜻이다.

7. 谁要是不照着做，谁就是野蛮人。 可是狗的毛病，正好不合孔子定的规矩。

‘正好不合孔子定的规矩’에서 ‘正好’는 부사로서 ‘마침, 때마침, 공교롭게도’의 뜻이며, ‘不合孔子定的规矩’는 ‘공자가 정한 규정에 맞지 않았다’는 뜻이다.

8. 例如孔子教人要有礼貌，好客尊客。

‘例如’는 관용구처럼 사용되는 연결사로서 ‘예컨대, 이를 테면’ 혹은 ‘예를 들자면’ 정도로 해석하면 무난하다. ‘孔子教人要有礼貌’의 ‘教’는 동사로서 jiào로 읽으며 사역(使役)의 의미로 쓰여 ‘～하게끔 하다’이므로 ‘使’ 혹은 ‘叫’로 바꿔 써도 무방하다. 다음 단락에는 ‘孔子叫人要穿得乾净’과 같이 ‘叫’를 사용한 것이 이 때문이다. 한편 같은 ‘教’라도 제1성의 ‘jiāo’로 읽으면 ‘가르치다’의 뜻으로, ‘教小孩儿识字’는 ‘아이에게 글을 가르치다’이다. ‘好客尊客’는 ‘동사 + 목적어,

동사 + 목적어' 구문이다. 그러므로 '好客'의 '好'는 '반기다, 좋아하다'의 뜻이므로 'hào'로 읽는다. '好奇心'의 '好'도 마찬가지로 제4성의 'hào'로 읽어야 한다.

9. 可是狗见了生人，不管是穷人富人，老人孩子，亲朋好友，还是远道来的尊贵客人，冲上去就乱吼乱咬，让讲究礼仪的汉人觉得很失礼、很丢面子、很生气。

'生人'은 '낯선 사람'의 뜻으로 '陌生人'이라 쓰기도 한다. '让'은 '～하게 하다, ～하게끔 내버려 두다'의 뜻이다. '冲上去就乱吼乱咬'에서 '就'는 부사로서 전후 동작이 곧바로 이어져 발생했음을 표시한다. '달려가자마자 바로 마구 짖어대고 마구 문다'는 뜻이다. '冲上去'는 '동사 + 방향보어'의 구조로서 동작의 방향이나 진행경로를 보여준다.

10. 又如孔子教人男女不能乱来乱伦乱搞，要是乱搞，就会受到严厉的处罚。可是狗呢，狗不管是自己兄弟姐妹、还是父女、母子，都可以乱搞乱配。

'又如'는 그 앞부분에 '例如'가 나왔을 때, 또 다른 예를 들면서 사용하는 관용구이다. '又'는 부사 '如'는 동사. '乱来乱伦乱搞'는 '부사 + 동사'의 구문이 병렬로 연이어 세 개 나온 형태이다. '乱来乱伦乱搞'는 의미상 큰 차이가 없으나, 굳이 구분하면 '남녀가 분별없이 놀거나 패륜을 저지르거나 제멋대로 관계를 갖는다'는 뜻이다. '乱 + 동사'는 '분별없이 ～한다'는 의미이다. 그러므로 그 뒤에 나오는 '乱配'는 '마구잡이로 짝짓기를 한다'는 뜻이다.

11. 汉人就害怕了，恨透了，怕人跟狗学坏。又如孔子叫人要穿得乾净，吃得也要乾净。可是狗喜欢吃人屎，这真让汉人讨厌郡心透了。

‘学坏’에서 ‘学’는 동사, ‘坏’는 결과보어로서 동작의 결과를 나타낸다. ‘穿得乾净’은 ‘동사 + 조사 + 보어’의 구조로서, ‘得’ 다음에 정도보어 ‘乾净’을 사용해 의미를 보충한 형태이다. ‘恶心透了’의 ‘恶心’은 동사로서 ‘구역질이 나다’는 뜻이므로, ‘恶’는 제3성의 ‘ě’로 읽어줘야 한다. ‘透’는 부사, ‘了’는 어기사로서 ‘恶心’의 상황이 극한에 달했다는 뜻이다. ‘恶心’을 ‘èxīn’으로 읽으면 명사로서 ‘나쁜 마음’의 뜻이 된다.

12. 还有一点，是汉人里面穷人养狗的少，穷人连自己都吃不饱，哪有粮食喂狗。

‘穷人连自己都吃不饱’에서 ‘连’은 개사(介词)로서 바로 뒤에 나오는 명사의 동작을 강조하기 위해 사용되었다. 그러므로 이때의 ‘连’은 ‘심지어’(甚至)의 뜻이며 경우에 따라서는 ‘甚至连’으로 쓰기도 한다. ‘连’은 그 뒤에 ‘都’나 ‘也’ 혹은 ‘还’ 등과 같은 부사와 반드시 호응한다. 한글로 옮길 때는 ‘~(조차)도’ 정도로 파악하여, ‘가난한 자들은 스스로도 포식하지 못하는데’의 뜻으로 해석한다. ‘吃不饱’는 ‘포식하지 못하다’. ‘吃饱’의 ‘饱’는 결과보어이다. 결과보어의 경우, 동사와 보어 사이에 ‘不’를 넣으면 가능보어의 부정형이 되고, ‘得’를 넣으면 긍정형이 된다.

13. 吃过狗肉的人都说狗肉很香

‘狗肉很香’의 ‘香’은 향기롭다기보다는 오히려 우리말의 ‘맛있다’는 뜻에 가깝다. 중국어에는 맛을 나타내는 형용사가 우리말처럼 풍부하게 발달해 있지는 못하다.

14. 汉人说猪可以杀吃，羊可以杀吃，为什么狗就不能杀吃?

'可以'는 기본적으로 '가능'이나 '능력'을 나타내어 '～할 수 있다'는 뜻이지만, '～해도 좋다'는 허가의 뜻을 나타내기도 한다. 이 문장에서는 허가의 뜻으로 '～해도 된다'로 해석한다. '杀吃'는 '연동', 즉 두 개 이상의 동사를 연이어 사용한 것으로, 앞의 동사는 뒤에 나오는 동사의 목적을 나타내기도 하고, 동작이 순차적으로 이어지는 것을 나타내기도 한다. 이 경우는 후자로서 동작이 순차적으로 이어짐을 나타내 '잡아서 먹는다'의 뜻이다.

구조조사 '的'

1. 구조조사 '的'의 형식
〔명사, 대명사, 형용사, 동사, 동사 + 목적어〕의 바로 뒤에 붙거나, 혹은 〔주어 + 술어〕의 바로 뒤에 붙어 이루어진 구문을 일컫는다. 예를 들면 다음과 같다.

这本书是哥哥的。('的'가 명사 뒤에 붙음)
那件衣服是我的。('的'가 대명사 뒤에 붙음)
红的漂亮。('的'가 형용사 뒤에 붙음)
来的都来了。('的'가 동사 뒤에 붙음)
参加会议的都来了。('的'가 〔동사 + 목적어〕구조 뒤에 붙음)
我买的在这儿。('的'가 〔주어 + 술어〕 뒤에 붙음)

2. '的'자 구조는 사람 혹은 구체적 사물을 나타낸다.
来的都来了。→ 사람을 지칭
你带的是什么? → 물건을 지칭

3. '的'자 구조의 수식어는 어떤 일에 종사함을 나타낸다.
我妈妈是教书的。→ '教书的'는 '교원'
送信的来过了。→ '送信的'는 '우체부'
我爸爸是买卖的。→ '买卖的'는 '상인'
开车的和卖票的都认识我了。→ '开车的'는 '기사', '卖票的'는 '매표원'

연습문제

1. 아래 용어를 사용하여 짧은 글을 지어보시오.

   ① A比B

   ② 例如~

   ③ 不管~

   ④ 要是~, 就~

   ⑤ 连~ 都

2. 본문 내용에 근거하여 아래 질문을 중국어로 답해보시오.

   ① 몽고 초원의 유목민들이 개를 소중하게 여기는 이유는 무엇입니까?

   ② 중원 지역의 중국인들이 개를 업신여기는 이유는 무엇입니까?

   ③ 개에 빗대어 욕하는 중국어 표현 세 가지를 들고, 담긴 뜻을 설명해 보시오.

要是带老婆来就好了

一个乡下老汉平生第一次来到大城市。第一次走到一个酒店大堂里, 他走到了电梯附近。这时, 电梯的门开了, 一个老太太走了进去, 电梯门就关了。乡下老汉很纳闷：这房间怎么这么小? 正这时, 电梯门又开了, 走出一个又漂亮又摩登的小姐来。老汉惊呆了：刚才进去的明明是老太太, 才一会儿就变成了这样! 回过神来后, 老汉就想：要是带老婆来就好了。……

请问, 什么东西越洗越脏?

① 脸　　② 肥皂　　③ 洗衣机　　④ 水

문화 상식 문화대혁명(文化大革命)

1966년부터 10여 년에 걸쳐 모택동(毛泽东: 1863~1976)의 주도 하에 중국 전역에서 전개된 정치투쟁. 당내의 실권파를 타도하기 위해 처음에는 문예작품 비판에서 시작되었으나, 이어 홍위병이 등장하여 구시대의 사상, 문화, 풍속, 습관의 타도를 주창하게 되어 수습할 수 없는 지경에 이르렀고, 운동의 중점은 점차 노동자 계급으로 이동했다. 1967년 1월 이후 권력은 다시 모택동의 수중으로 돌아왔으나, 인민해방군의 영향력은 증대했다. 1968년 가을, 모택동에 의해 문화대혁명의 종료가 일방적으로 선언되었지만, 이 기간 중에 표출된 여러 문제들은 지속적으로 해결하지 않으면 안되었다. 즉 사회주의 사회 내부의 계급투쟁, 관리사회에 있어서의 관료제 타파, 상부구조의 하부구조에 대한 반작용, 당원의 독립사고, 문화예술의 비판적 계승과 창조의 관계 등 새로운 문제가 제기되었다. 그러나 이러한 문제들은 완전히 해결되지 못한 채, 국민경제의 침체 등 많은 부작용만을 초래했다. 주은래(周恩来)와 모택동이 죽자, 1976년 문화대혁명을 주도했던 4인방이 체포되고, 등소평(邓小平) 등이 권력을 잡아, 마침내 1977년 문화혁명의 종료가 공식으로 선언되었다. 이후 1981년 11기 6중전대회에서 문화혁명은 모택동의 중대한 과오로 비판받았다.

第8课 胡锦涛时代

胡锦涛在2002年秋天接任中共中央总书记，次年春天在全国人大会议上当选为国家主席，并在本次中央全会上当选为军委主席。从这三部曲可以看出，中国最高权力的交接模式虽然有别于其他国家，但却是有序和按部就班的。自从1949年中国建立政权以来，这是最有条不紊的一次，更是中国逐渐摆脱封建和集权模式的标志性事件之一。

尽管如此，由于涉及权力交接的既定安排缺乏透明度，因此，自十六届一中全会以来，国际社会对中国高层的政治运作一直存有疑虑，其中包括对江泽民和胡锦涛之间的相互关系作出了种种猜测。虽然其中很多说法都已经被证明缺乏根据，但却容易使人们对中国政局的走向缺乏稳定感。因此，但愿从胡锦涛开始，往后的权力交接能够增加透明度和可预见度。

胡锦涛开始执政已有两年，其施政理念、能力和作风在中国以及国际上都受到广泛好评。在去年沙斯危机期间，上任不久的胡锦涛充分展示了果断、高效和务实的领导素质，让全世界刮目相看。

然而，随着中国内外形势的变化，胡锦涛肩上的担子将变得越来越沉重。新一届领导集体既要保持经济的高速增长，又要防止贫富差距和社会分化的加剧。中国目前的腐败现象，正在对执政党的合法地位构成越来越大的威胁。胡锦涛所提出的"立党为公、执政为民"的理念能否战胜来自党内的各种挑战，不仅事关中国未来的发展，而且也直接关系到胡锦涛时代的实质内涵。

与江泽民执政初期相比，在中国未来的政治日程上，处理台湾事务的紧迫性将更加突出。北京对台湾问题的立场和态度是一贯的，虽然处理手法可能会时而有所变化，但外界不应指望胡锦涛时代会有什么根本的不同。

日益开放的中国早已把自己融入到外部世界中。在胡锦涛时代，中国参与国际事务的姿态将继续是积极的和具有建设性的。在双边交往中，北京新领导层将着力于改善与所有国家、包括与周边国家的关系，但中美关系将仍然是胡锦涛时代最受重视、最具挑战、也最能考验其领导能力的外交课题。

단 어

内涵 nèihán 명 내용. 실속. 의미.

接任 jiērèn 동 직위를 승계하다.

三部曲 sānbùqǔ 명 삼부작. 삼막극.

交接 jiāojiē 동 인계하다. 넘겨받다.

模式 móshì 명 방식. 양식. 표준화된 틀. 모드.

有条不紊 yǒu tiáo bù wěn 조리정연하다. 질서정연하다. 中国代表团在莫斯科的一切活动也有条不紊地开展起来。

逐渐 zhújiàn 부 점차. 점점.

摆脱 bǎituō 동 벗어나다. 탈피하다.

疑虑 yílǜ 명 동 의문(을 갖다). 우려(하다).

猜测 cāicè 명 동 추측(하다). 예견(하다).

可预见度 kě yùjiàn dù 명 예견가능정도. 上市公司行为的可预见度应该呈现提高趋势。

沙斯 shāsī 명 (전염병)사스. '非典'이라고도 하였으나, 지금은 별로 사용되지 않는다.

刮目相看 guā mù xiāng kàn 괄목상대하다.

威胁 wēixié 명 동 위협(하다).

融入 róngrù 동 융화되다. 녹아들다.

考验 kǎoyàn 명 동 시험(하다). 검증(하다).

구문 분석 및 해설

1. 当选为国家主席

'当选'은 피동문이므로 '당선되다'로 해석하며 '为'와 '~'가 붙어서 '当选为~' 이라는 구조를 갖게 된다. '~로 당선되다'로 해석한다.

2. 中国最高权力的交接模式虽然有别于其他国家，但却是有序和按部就班的

'虽然~, 但却~'구조는 역접구문이다. 여기서 '却'는 반전을 강조하는 기능이 있다.

3. 自从1949年中共建政以来; 自十六届一中全会以来

'自从~以来'('自~以来')는 '~한 이래로'라는 의미로서, 어떤 시점으로부터 현재까지의 시간을 표현하는 구문이다. 보다 평범한 표현으로는 '从~以后'도 있다.

4. 但尽管如此，由于涉及权力交接的既定安排缺乏透明度，因此~

'但'은 그 앞에서 거론한 긍정적인 내용에 대한 대 반전이다. '尽管如此'는 '비록 이와 같다고 할지라도'로서 반전의 어감을 보충한다. '由于~, 因此~'는 인과관계 구조문이다. '由于~, 所以~' '因为~, 所以~' 등과 유사한 표현이다.

5. 其中包括对江泽民和胡锦涛之间的互动关系予以种种猜测

‘其中包括～’는 ‘그 중에는 ～이 포함된다’라는 의미의 표현이다. 일단 앞 문장에서 상관된 내용을 논하고, 연이어서 이러한 표현을 사용할 수 있다.

6. 但却容易使人们对中国政局的走向缺乏稳定感

사역문 구조이다. ‘使 + 사람 + 동사’의 기본구조 하에서 변화를 줄 수 있다. 위 문장에서는 사람은 ‘人们’, 동사는 ‘缺乏’가 사용되었다. 그리고 ‘对中国政局的走向’이라는 개사구가 끼어있다.

7. 新一届领导集体既要保持经济的高速增长，又要防止贫富差距和社会分化的加剧。

‘既(要)～, 又(要)～’의 구문이다. 두 가지 이상의 사항 중, 한가지를 먼저 기정화하고, 나머지 다른 사항마저도 그 못지 않게 중요함을 강조할 때 사용된다. ‘～할 뿐더러, 거기다 또 ～하기도 하다’.

8. 与江泽民执政初期相比

‘与～相比’는 ‘～과 비교해서’라는 개사구이다. 일반적으로 주어 앞에 따로 쓴다.

9. 时而有所变化

‘时而’은 부사로서 ‘때때로, 가끔씩’의 뜻을 가진다. ‘有所～’는 ‘～하는 바가 있다’로서 ‘어느 정도 약간 ～하는게 있다’로 의역한다.

时而有所争议
时而有所起伏

10. 日益开放

‘日益’는 부사로서, 일반적으로 뒤에 다른 두 글자의 동사를 수식함으로써, 四字构文을 형성한다.

日益激烈

日益突出

日益加快

日益频繁

日益夸张

개사(介词), 연사(连词), 동사(动词)

1. 连词 '和'의 전후에 놓이는 단어들은 并列关系로서, 서로 위치를 바꿔도 기본적으로 의미변화가 없지만, 介词 '和'의 전후에 놓인 단어들은 호환이 불가능하다.
2. 连词 '和'로 이루어진 并列构造 다음에는 '都'가 따라오지만, 介词로 쓰일 경우에는 불가능하다.
3. 连词 '和'의 앞에는 수식어가 올 수 없지만, 介词로 쓰일 경우에는 가능하다.
4. 连词 '和'는 한 문장 또는 한 구절의 앞에 놓일 수 없지만, 개사로 쓰일 경우에는 가능하다. 예를 들면 다음과 같다.

   我和弟弟都看过。

   我和弟弟谈话。

   和弟弟一块儿去玩的孩子都回来了。

●●● 개사와 동사의 구별

1. 介词는 단독으로 谓语가 될 수 없지만 动词는 가능하다. 그러므로 한 문장 안에 다른 谓语(动、形)가 이미 존재한다면 이것은 介词인 셈이다. 그러나 만약에 다른 谓语가 없다면 이것이 바로 动词인 것이다.
2. 介词의 뒤에는 动态助词(着、了、过 등)가 올 수 없지만, 动词의 경우라면 가능하다.
3. 介词는 중첩할 수 없지만 动词는 일반적으로 중첩이 가능하다. 예를 들면 다음과 같다.

   明天我在学校等你。

   明天我在家。

   他在看书。(副词)

我比你高一点儿。
我们比比。

他给我买了一本书。
他给了我一本书。

别拿我开玩笑。
他手里拿着一本书。

연습문제

1. 주어진 말을 이용하여 짧은 글을 지어 보시오.

① 当选为~

② 自从~以来

③ 由于~，因此

④ 但愿

⑤ 将变得越来越~

⑥ 与~相比

2. 본문의 내용에 근거하여 아래 질문에 중국어로 답해 보시오.

① 호금도가 해결해야 할 국내 현안은 무엇입니까?

② 호금도가 극복해야 할 국제 현안은 무엇입니까?

③ 중국정부의 일관된 대만정책은 무엇입니까?

抽烟

多数女人都讨厌男人抽烟的习惯。老婆也不例外，先是良言相劝，后来偷偷将放在家中的烟藏起来，最后竟以控制上网相威胁。晚上她躺在床上，我有意在床边像丢魂似地走来走去。

‘老公，你干什么呐?’

‘我，没事，我转转，你先睡。’

‘你老在我眼前转来转去地，我怎么睡啊?’

‘不转晕了我也睡不着咧。’

‘就知道你想抽烟，去阳台抽，别耽误我睡觉!’

有样东西是属於你的，可是别人反而比你更多用。请问，这是什么?

① 汽车　② 衣服　③ 家　④ 姓名

第9课 两大古都的历史

北京是中华人民共和国首都，是世界闻名的历史古城。作为几代帝都的北京，是中国历史和现状的缩影。 北京最早见于文献的名称叫做蓟。早在三千年前的周朝，春秋中期，燕国迁都于蓟城。从那时起，直到公元前226年燕国被强大的秦国所灭，蓟城一直是燕的都城。据考古学家考证，当年的蓟城就在现北京城区的西南部。公元938年，蓟城成为辽的陪都。辽是中国东北方的少数民族契丹人建立的国家。因为蓟位于它所辖的疆域的南部，所以改称南京，又叫燕京。一个多世纪以后，另一个少数民族女真人建立的金朝把辽灭亡，并于1153年迁都燕京，改名中都。1214年，金朝因受到新兴的蒙古族的进攻，被迫迁都汴京，第二年蒙古铁骑入占中都。1267年，忽必烈下令在中都城的东北郊筑建新城。四年后，这位首领在兴建中的都城内登上皇帝的宝座，建立了中国历史上的元朝。1276年新城全部建成，这便是意大利旅行家马可·波罗在游记中称为“世界莫能与比”的元大都。从此，大都取代了长安、洛阳、汴梁等古都的地位，成为中国的政治中心。1368年，元朝灭亡，明军占领大都，改名北平府。1403年，明太祖的第四个儿子夺取了帝位，改北平为北京。1421年，正式迁都北京。1911年10月10日，中国爆发了共和制革命，第二年二月清帝宣告退位。至此，北京作为帝都的历史结束。

近几十年来，北京有了很多现代化的发展。特别是最近几年，郊区兴建了许多大工厂，市区修建了许多高楼大厦、立交桥等现代建筑物。体育馆、舞厅、高尔夫球场及各种各样的游乐设施也越建越多。北京，这座古老的城市已经成为一个现代化的、世界化的新都市。北京已经获得2008年奥运会的举办权。“绿色奥运、科技奥运、人文奥运”的宗旨，必将给北京带来日新月异的变化。

西安，古称长安，位于关中平原的中部。这里依山临水，土地肥沃，物产丰富。由于自然条件优越，在远古时代就是中国祖先劳动生息的地方。加之关中地势险要，自周秦到隋唐，有十二个王朝先后在这里建都，历时一千二百多年。西安的建城史已有3100多年，西安就像一部活的史书，一幕幕，一页页记录着中国民族的沧桑巨变。

早在两千多年前，秦始皇在此建造了中国建筑史上的杰作阿房宫。在汉唐时期，西安就是中国政治、经济、文化和对外交流的中心，是个国际大都市。西汉时期，以古长安为起点的'丝绸之路'沟通了东西方经济文化交流；盛唐的长安，跟西亚、南亚和西欧等地的贸易通道已四通八达，成为世界贸易的中心。唐代以后，西安结束了千年帝都的地位，但仍是中国西北地区的重镇。西安经历了中国历史发展的各个阶段，保留了极为丰富的文化史迹。至今，西安与雅典、开罗、罗马齐名，同被誉为世界四大文明古都。走近它，你会为历史遗存的完美博大所震撼!

단 어

帝都 dìdū 명 제국의 도읍. 수도. 황성.
缩影 suōyǐng 명 축소판. 축도. 축소한 것. 동 축소하다. 축소시키다.
陪都 péidū 명 제2의 수도.
进攻 jìngōng 명 동 진격(하다). 공격(하다).
被迫 bèipò 동 강요당하다. 핍박당하다.
铁骑 tiěqí 명 정예 기병 부대.
入占 rùzhàn 동 점령하다. 점거하다. 침입하다.
宝座 bǎozuò 명 옥좌. 보좌.
建成 jiànchéng 동 건설하다. 건설되다.
取代 qǔdài 동 대신하다. 자리를 빼앗다. 명 동 치환(하다).
郊区 jiāoqū 명 (도시의) 교외. 교외 지역.
兴建 xīngjiàn 동 일으켜 세우다. 건설하다. 창설하다.
高楼大厦 gāolóu dàshà 명 고층건물. 마천루.
立交桥 lìjiāoqiáo 명 입체교차교. 立体交叉桥의 준말.
高尔夫球 gāo'ěrfūqiú 명 골프. 골프공.
游乐设施 yóulè shèshī 명 오락 시설. 위락 설비
举办 jǔbàn 동 거행하다. 개최하다. 개설하다.

宗旨 zōngzhǐ 명 주된 뜻 종지. 주지. 슬로건.

日新月异 rì xīn yuè yì 성 나날이 발전하다. 나날이 새로워지다. 일취월장하다.

依山临水 yīshān línshuǐ 산을 기대고 물에 임해 있다. 산을 뒤에 두고 물을 앞에 두다.

远古时代 명 상고시대.

劳动生息 láodòng shēngxī 노동하고 생활하다. 일하고 살아가다.

加之 jiāzhī 연 거기에 덧붙여. 게다가. 그 위에.

险要 xiǎnyào 형 지세가 험준하고 전략적으로 중요하다. 명 지세가 험한 요충지.

沧桑巨变 cāngsāng jùbiàn 상전벽해(桑田碧海). 거대한 변화. 엄청난 변화.

丝绸之路 sīchóu zhī lū 명 실크 로드. 비단길.

沟通 gōutōng 동 소통하다. 통하다. 교류하다. 교통하다.

通道 tōngdào 명 통로. 큰길. (통신의) 채널

四通八达 sì tōng bā dá 사통팔달(하다). 사방으로 통하다. 교통이 편리하다.

重镇 zhòngzhèn 명 중요한 군사 주둔지. 군사적 요지. 요충지.

极为 jíwéi 부 극히. 매우. 대단히.

博大 bódà 형 넓고 크다.

震撼 zhènhàn 동 진동하다. 뒤흔들다. 충격을 주다.

고유명사

蓟 Jì 계. 주(周) 나라 때 지금의 북경 서남쪽에 해당하는 지역을 부르던 지명.

周 Zhōu 주. 나라 이름. 기원전 11세기에 무왕(武王)이 은(殷)나라를 멸망시키고 세운 나라. 기원전 256년에 진(秦)나라에게 멸망 당했다. 기원전 770년에 수도를 호경(镐京)에서 낙읍(洛邑)으로 옮겼는데, 그 이후를 동주(东周)라고 부른다.

春秋 Chūnqiū ① 춘추시대. 기원전 770年부터 476年에 이르는 기간. ② 책이름. 东周 시기 노(鲁) 나라의 은공(隐公)부터 애공(哀公)까지의 역사가 기록되어 있다.

燕 Yān 연. 주(周) 나라 때의 제후국으로서, 지금의 하북성(河北省) 북부와 요녕성(辽宁省) 남부를 통치하였다.

辽 Liáo 요. 916년부터 1125년에 걸쳐 존속하였던 나라.

契丹 Qìdān 거란족. 지금의 요하(辽河) 상류 일대에 거주한 민족.

燕京 Yānjīng 연경. 북경의 옛이름으로서, 지금도 북경의 다른 이름으로 쓰인다.

女真 Nǚzhēn 여진족. 만주(满洲) 일대와 한반도의 북부에서 거주한 민족.

金 Jīn 금. 1115년부터 1234년에 걸쳐 존속하였던 나라.

中都 Zhōngd 중도. 지명. 금나라 때 지금의 북경을 부르던 이름.

蒙古 Měnggǔ 몽고. 나라 이름.

汴京 Biànjīng 하남성(河南省) 개봉(开封)의 옛이름. 북송(北宋) 의 수도로서, 변량(汴梁) 혹은 동경(东京)이라고도 불렀음.

忽必烈 Hūbìliè 쿠빌라이(1215-1294). 원나라의 세조(世祖). 징기스칸의 손자로서, 원(元)이라는 국호를 사용하기 시작하였다.

马可·波罗 Mǎkě Bōluó 마르코 폴로. 이탈리아의 상인이자 여행가이며, 쿠빌라이 때에 17년간 원나라에서 살았으며, 귀국한 뒤 《동방견문록》을 저술하였다.

大都 Dàdū 대도. 원나라 때 지금의 북경을 부르던 이름.

洛阳 Luòyáng 낙양. 하남성(河南省)의 서부에 있는 도시 이름.

奥运会 àoyùnhuì 올림픽 경기.

关中 Guānzhōng 관중. 섬서성(陕西省) 위하(渭河) 유역 일대의 지역을 지칭한다.

阿房宫 Ēfánggōng 아방궁. 진시황이 지은 궁전으로서, 1만 명을 수용할 수 있었다고 한다.

盛唐 Shèng Táng 성당. 당나라의 현종(玄宗) 때부터 대종(代宗) 때까지를 지칭하는 말이며, 당시(唐诗)가 매우 성하던 시기이다.

雅典 Yǎdiǎn (그리스의) 아테네.

开罗 Kāiluó (이집트의) 카이로.

구문 분석 및 해설

1. 作为几代帝都的北京，是中国历史和现状的缩影

'作为'는 '~으로 삼다, ~으로 여기다, ~으로 만들다' 혹은 '~의 신분으로서, ~의 자격으로서'의 의미를 형성한다.

至此，北京作为帝都的历史结束。

2. 从这时起，直到公元前226年燕国被强大的秦国所灭

'从~ 起'의 구조는 '시작 된다'는 점을 강조하는 구문이다.

'直到'에서의 '直'는 '줄곧, 끊임없이' 그러했음을 나타낸다. 즉 위 문장에서는 기원전 226년에 이르기까지 아무 변화도 없었음을 말한다.

3. 因为蓟位于它所辖的疆域的南部，所以改称南京，又叫燕京

'所'는 동사의 앞에 쓰여 명사성(名词性) 구조를 만든다.

他是大众所喜欢的名演员。

尽我所能。

4. 一个多世纪以后

어림수를 나타내는 '多'나 '来'는 그 앞의 숫자가 일 단위 이면 양사(量词)의 뒤에, 십 단위 이상이면 양사의 앞에 붙는다.

一个多月

一百来个日子

그래서 그 앞의 숫자가 십단위인 경우에는 다음과 같이 의미가 달라진다.

十多斤橘子 십여 근 (10근에서 20근 사이)
十斤多橘子 열 근 남짓 (10근에서 11근 사이)

5. 世界莫能与比

'莫'는 서면어로서, '～한 것은(사람은) 없다' '무엇도(누구도) ～하지 않는다'의 뜻이며, '与'는 대상을 나타내는 서면어 개사이므로, '莫能与比'는 '능히 (그것)과 견줄 수 있는 것이 없다'로 해석된다.

6. 体育馆，舞厅，高尔夫球场及各种各样的游乐设施

'及'는 서면어 연사(连词)인데, 대개의 경우 구체적이거나 중요한 대상이 '及'의 앞에 나열되고, 뒤 '及'의 뒤에는 '其他'처럼 구체적이지 않거나 중요하지 않은 대상이 이어진다.

7. 在远古时代就是中国人民祖先劳动生息的地方

'就'가 시간을 나타내는 말의 뒤에 쓰이면, 오래 전에 벌써 이루어졌음을 나타낸다.

他十五岁就参加了革命。
他的表现一直就很好。

8. 同被誉为世界四大文明古都

피동을 나타내는 '被'는 동사에 바로 연결될 수 있으며, 이렇게 쓰인 '被'는 조동사로 분류된다.

那个病人被救活了。

피동(被动)

1. 의미상의 피동(被动)

한어 어법에서는 어떤 동작의 주체가 되는 사람이나 사물을 시사(施事), 동작의 대상이 되는 사람이나 사물을 수사(受事)라고 부르는데, 우리가 일반적으로 보는 능동구는 施事를 주어로 하고 있다. 만약 受事가 주어가 되면 이러한 문구는 형태적으로는 능동구와 다름이 없지만, 의미상으로는 피동이 된다.

文章已经写好了。

衣服洗乾净了。

2. 피동구(被动句)

한어에서의 피동은 개사(介词)를 사용하여 나타내는데, 피동을 나타내는 개사로는 '被, 让, 叫, 给' 등이 있으며, 피동구의 형태는 다음과 같다.

受事 + 개사(被, 让, 叫, 给) + 개사의 빈어(施事) + 동사 + 기타 성분

他被一阵哭声惊醒了。

墨水瓶叫弟弟打翻了。

那本小说还没让人借走。

你的意见一定会被大家通过。

주동자인 施事가 분명하지 않거나 굳이 설명할 필요가 없으면 '人'을 施事로 사용한다.

张老师被人请去作演讲了。

'被'는 施事를 수반하지 않고 동사에 바로 연결될 수 있으며, 이렇게 쓰인 '被'는 조동사로 분류된다. '让'이나 '叫'에는 이러한 용법이 없다.

你姐姐通过第2次考试, 她已经被录取了。

3. '所'가 동사 앞에 쓰이면 피동을 나타낼 수 있으며, 주로 '为~ 所' 의 형식을 취한다.

那一带为沙漠所并吞了.

他的理论已为实践所证明了.

走近它, 你会为历史遗存的完美博大所震叹!

燕国被强大的秦国所灭了.

연습문제

1. 주어진 말을 이용하여 짧은 글을 지어 보시오.

① 作为

② 从~ 起

③ 因为~ , 所以~

④ 就

⑤ 被誉为

2. 본문의 내용에 근거하여 아래 질문에 중국어로 답해보시오.

① 北京이라는 이름은 언제 생겼으며, 왜 燕京이라고도 부릅니까?

② 大都는 어느 왕조 어느 왕 때 건설되었습니까?

③ 西安에는 지금까지 몇 개 왕조가 도읍하였으며, 그 기간은 얼마나 됩니까?

太太至上

一对新婚夫妇的新房里贴着家规, 上面写着 :
‘第一条, 太太永远是对的。’
‘第二条, 如果太太错了, 请参阅第一条。’

我会和蚂蚁一样小, 也会和白鲸一样大。
我听不见音乐, 但是我会随著音乐跳舞。
我有很多名字, 但我也只有一个名字。
我的行动跟蜗牛一样缓慢, 但你没有办法从我身边逃开。
请问, 这里说的我是什么?

① 影子　② 衣服　③ 太阳　④ 天气

第10课 微软的野心

5月11日，互联网再爆一重大新闻。微软互联网事业部MSN今天正式宣布，和上海联和投资有限公司共同成立合资公司，把MSN正式带入中国。新成立的合资公司取名上海美斯恩网络通讯技术有限公司，双方各占50%股份。该公司现已获得相关政府部门的批准，不久即将推出MSN门户及其他互联网产品及服务。

与此同时，微软透露，与中国知名移动软件和服务提供商深圳市清华深讯科技发展有限公司达成战略性的独家合作协议，并计划收购其部分资产，联合深圳清华深讯与MSN移动方面的人员、技术以及服务，在深圳成立移动技术研发中心。MSN希望借助该中心，能够迅速为广大的中国用户提供极具冲击力的移动信息、通讯和多媒体服务。据有关方面统计，中国目前有3.4亿移动用户，已经成为世界最大的电信市场。

目前，中国是全球最大的互联网市场之一，越来越多的专业人士依赖于互联网获取信息。中国互联网络信息中心(CNNIC)发布的报告显示，截至2004年12月31日，中国内地上网用户总数为9400万，比去年同期增长8.0%。

在中国大陆上，已有很多用户使用中文版本的MSN Messenger即时通讯服务和Hotmail电子邮箱服务。有关数据统计，MSN每月在全球吸引4亿用户访问，其中光在中国的激活用户，就已达到710万。

无疑，中国是MSN最重要的新兴市场之一。微软MSN暨微软个人服务部高级副总裁寇德伟(David Cole)表示，中国的互联网和移动设备的使用在快速增长，这里的人们充满活力、进取心和智慧。MSN中国合资公司的成立，必将成为我们长期战略的一个里程碑。同时，把清华深讯的专长和微软雷德蒙研发人员的创新工作融合起来，将进一步加强微软的创造力，为中国乃至全球的用户开发并提供最先进的移动服务。

此外，微软全球副总裁、大中华区首席执行官陈永正也表示：微软与上海联和投资成立合资公司，并和清华深讯达成战略合作，彰显了微软对中国市场的高度重视。我们不仅根据中国用户的需求和兴趣来提供MSN服务，而且，作为我们长期承诺的一部分，我们将继续积极地同本土厂商密切合作，共同推动中国高科技产业的发展。

단 어

凸显 tūxiǎn 동 돋보이다.

门户 ménhù 명 허브사이트. 문호. 관문.

互联网 hùliánwǎng 명 인터넷. 互联网又叫因特网,因特网是Internet的译名.

网络 wǎngluò 명 네트워크. 互联网广义上即是'联接网络的网络'.

股份 gǔfèn 명 주식. 자본 출자분.

批准 pīzhǔn 명 동 허가(하다). 비준(하다).

透露 tòulòu 동 (사실을) 털어놓다. 밝히다.

移动 yídòng 동이동하다. 명 이동. 모바일. 移动互联网仍然处于抚育阶段.

收购 shōugòu 명 동 매입(하다). 수매(하다).

激活 jīhuó 명 동 활성화(시키다). 기동(시키다).

无疑 wúyí 형 틀림없다. 의심없다.

暨 jì 연 ~및. ~과 동 미치다. 首届东北亚暨环渤海国际商务节在这里隆重开幕.

里程碑 lǐchéngbēi 명 이정표. 기념비.

专长 zhuāncháng 명 특기. 장기.

彰显 chàngxiǎn 동 구현하다. 보여주다. 富于变化和彰显时尚是大众消费品的首要特征.

고유명사

微软 Wēiruǎn 마이크로소프트(Microsoft : MS)社.

구문 분석 및 해설

1. 新成立的合资公司取名上海美斯恩网络通讯技术有限公司

'~取名~'의 문형. 예를 들어 'A取名B'라면 'A는 B라는 이름으로 짓다'가 된다.

2. 与中国知名移动软件和服务提供商深圳市清华深讯科技发展有限公司达成战略性的独家合作协议

전체 골격은 '与~达成协议'가 된다. 즉 이 문장에서의 술어동사는 '达成'이고 '与'는 개사이다.

3. 能够迅速为广大的中国用户提供极具冲击力的移动信息

'迅速'는 원래 형용사이지만, 여기서는 술어를 한정하므로 부사어로 쓰였다. 개사 '为'와 그 개사의 목적어인 '广大的中国用户', 그리고 술어동사인 '提供'과 그 목적어인 '(极具冲击力的)移动信息'로 구성된 문장이다.

4. 其中光在中国的激活用户，就已达到710万

'光'은 부사로 쓰여 '단지'의 의미가 된다. '光在中国(的)'는 '중국에서만(의)'이다.

5. 把清华深讯的专长和微软雷德蒙研发人员的创新工作融合起来

'把'는 개사로서, 그 목적어가 '清华深讯的专长和微软雷德蒙研发人员的创新工作'까지이다. 그 목적어는 연사 '和'로 연결되어 있다.

6. 为中国乃至全球的用户开发并提供最先进的移动服务

전체구문의 골격은 '为～开发并提供'이다. '为'의 목적어는 '中国乃至全球的用户'로서, 그 의미는 '중국 및 전 세계에 이르는 이용자'이다.

7. 我们不仅根据中国用户的需求和兴趣来提供MSN服务，而且

'不仅～, 而且～'의 전형적인 복합구문이다. '根据～(来)提供'에서의 '根据'는 연동구의 앞 동사이고 '提供'은 뒤의 동사이다.

8. 作为我们长期承诺的一部分，我们将継续积极地同本土厂商密切合作

'作为～'는 '～으로서'의 의미가 되며, 그 목적어인 '我们长期承诺的一部分'(우리의 장기적인 약속의 일부분으로서)는 그 뒤에서 다시 부연 설명하게 된다. 즉, '我们将 継续积极地同本土厂商密切合作'이 그 '약속의 일환'이다.

복합방향보어(伏合方向补语)

1. 동사인 '上, 下, 进, 出, 回, 过, 起' 등의 뒤에 단순 방향 보어인 '来' 나 '去'가 동반되면, 다른 동사의 뒤에서 방향 보어로 쓰일 수 있는데, 이것을 복합 방향 보어라고 부른다.

	上	下	进	出	回	过	起
来	上来	下来	进来	出来	回来	过来	起来
去	上去	下去	进去	出去	回去	过去	(없음)

他从楼上走下来。
孩子们都跑出去了。

2. 복합 방향 보어를 사용하는 경우 동사의 빈어는 일반적으로 복합 방향 보어의 중간에 놓는데, 복합 방향 보어의 뒤에 놓을 수도 있다.

他从桌子上拿起一张报来。
他从桌子上拿起来一张报。

3. 복합 방향 보어를 사용하는 경우, 동사의 빈어가 장소를 나타내는 말이면 반드시 복합 방향 보어의 중간에 놓아야만 한다.

她走出屋里来了。
汽车开进学校来了。

4. 몇 몇 복합 방향 보어는 자신만의 독특한 파생적 의미를 가지고 있는데, 일부를 소개하면 다음과 같다.

(1) '下来'와 '下去'

① '下来'는 '내려옴'을 '下去'는 '내려감'을 나타낸다.
船渐渐沈下去了。

② '下来'는 '떼어냄'을 나타낸다.
我昨天才脱下绵衣来了。

③ '下来'는 '고정됨'을 나타낸다.
车停了下来。

④ '下来'는 '과거에서 지금까지 계속됨'을 나타낸다.
这是古代流传下来的一个故事。

⑤ '下去'는 '앞으로 계속되어짐'을 나타낸다.
少了两个人, 工作还要做下去。

(2) 起来

① 위쪽으로 올라감을 나타낸다.
他捡起来一块石头了。

② 모아짐을 나타낸다.
我们要团结起来。

③ 시작됨을 나타낸다.
大家唱起歌来。

④ '짐작하다'는 의미를 덧붙인다.
看起来, 这件事他不会同意的。

⑤ 실제로 동작을 행함을 나타낸다.
说起来容易, 作起来难。

⑥ '목표를 달성함'을 나타낸다.
我们已经建立起来了一批工业生产基地。

(3) '过来'와 '过去'

① '过来'는 '가까워짐'을 ;过去'는 '멀어짐'을 나타낸다.
你跑过来跑过去干什么?

② '过来'는 '이쪽으로', '过去'는 '저쪽으로' 방향이 변함을 나타낸다. 이 경우의 동사는 '翻, 转, 扭, 弯, 掉, 回, 侧' 등에 제한되며, 동사의 빈어는 '过'와 来(去)의 사이에 위치한다.
他转过脸来, 我才认出了他是谁。

③ '过来'는 '원래의' '정상적인' 혹은 '보다 나은' 상태로 돌아오는 것을 나타낸다.
他醒过来了。

④ '过去'는 '정상적인 상태를 상실함'을 나타낼 수 있는데, 이러한 경우에는 대개 '晕, 昏迷, 死' 와 같은 동사들의 뒤에 쓰인다.
她晕过去了。

⑤ 어떤 행위나 동작이 끝났음을 나타낼 수 있다.
我记性不好, 什么书都看过去就忘。

연습문제

1. 주어진 말을 이용하여 짧은 글을 지어 보시오.

   ① 不久即将
   ② 与～达成
   ③ 借助
   ④ 越来越～
   ⑤ 比～增长
   ⑥ 光
   ⑦ 无疑
   ⑧ 同时

2. 본문의 내용에 근거하여 아래 질문에 중국어로 답해 보시오.

   ① MSN이 본격적으로 중국시장을 겨냥하는 배경은 무엇입니까?
   ② MSN이 중국대륙 내 합자업체를 설립하여 본격적으로 진출하면서 내놓은 상품은 무엇입니까?
   ③ MSN이 심천에 설립하려는 '연구개발중심'의 역할은 무엇입니까?
   ④ 중국 내 MSN 메신저의 실제 사용 인구는 얼마입니까?
   ⑤ MSN의 미래목표는 무엇입니까?

赛跑

周六晚上陪老婆买菜，因每次采购都得备足一星期所需，所以半小时后，两人手里全是沈甸甸的袋子，加之天气较热，回家的路上已是汗流浃背。老婆突然说：‘老公啊，好象中午我们吃完饭后没涮碗哦?’ ‘啊?’ ‘这样好不好? 我们比谁先到家，后到家的负责涮碗。’ ‘行啊。’ ‘但你比我跑得快，那我手里的东西让你拿着才算公平吧?’ ‘嗯。’ 於是老婆手里的袋子全转移到我的手里，待老婆一声‘开始’，两人撒腿就跑。虽然她两手空空但还没我快，才跑出50米，老婆就在后面大叫：‘你慢点，等等我 ……’ 哼哼，我才不傻呢，等你追上我，那还不得我涮碗啊? 不但没停，我反而加快脚步向前冲，终於先老婆到家，气喘吁吁地躺在沙发里洋洋得意地等老婆回来。可十分钟后还没见人影，想想不对啊，就是走回来也该到了。正纳闷着，老婆开门进来了，手里还拿着半筒冰淇淋，一脸怪笑道：‘我叫你等等还不听，本想告诉你，我记得中午是涮过碗的。’

八只脚，抬面鼓，两把剪刀鼓前舞，生来横行又霸道，嘴里常把泡沫吐。请问，这是什么?

① 鲸鱼　　② 海狗　　③ 螃蟹　　④ 带鱼

第11课 中国人的永生观

人生问题中最大的，莫过于人死之问题。人死问题就从人生论转入宇宙论，这已不属人而属天。死生之际，就是天人之际。人人都不愿有死，人人都想不朽、永生，逃避这个死亡的门关，这是世界人类思想史上最古、最早，共同遇到、共同要想解决的问题。春秋时代的叔孙豹对此曾发表了极有名的“三不朽”论，直到现在，还成为中国人的传统信仰观念。

公元前549年，鲁国叔孙豹访问晋国，晋国的范宣子问他，如何是不朽？叔孙豹未答，范宣子说，我范家远祖经历虞夏商周四代直到此刻，禄位未辍，是否算得不朽？叔孙豹说，那是家族的世禄，不是人生的不朽。叔孙豹接着说，“豹闻之，‘太上有立德，其次有立功，其次有立言。’虽久不废，此之谓不朽。”

这一段对话告诉我们，那时的中国人已经不相信人之生前和死後有灵魂存在，故他们想像不朽，早不从灵魂不灭上打算。范宣子以家世传袭食禄不辍为不朽，叔孙豹则以在社会人群中“立德、立功、立言”为不朽。只能不朽在这个人生圈子之内，不能逃离这个人生圈子，在另一个世界中获得不朽。依照西方宗教观念，人们应该活在上帝的心里。依照中国人的思想，诚如叔孙豹所启示的，人们应该活在其他人的心里。立德、立功、立言，使其人在後代人们心里永远保存出现，这就是其人的复活，也就是其人的不朽。因此中国人思想里，只有一个世界，即人生界。并没有两个世界，如西方人所想像，在宗教里有上帝和天堂，在哲学中的形而上学里，有精神界或抽象界的价值存在。我们必须把握住中国古人相传的这一观点，才能了解中国思想史的特殊发展及其特殊成就。

叔孙豹说这一番话，正当孔子三岁的婴孩期，这对孔子思想一定有很大的影响。看看《论语》里孔门师徒之间的对话。

季路问事鬼神，子曰：‘未能事人，焉能事鬼。’曰：‘敢问死。’曰：‘未知生，焉知死。’

世界上一切宗教，似乎都想根据人死问题来解决人生问题，孔子则认为明白了人生问题，才能答复人死问题。世界上一切宗教，都把奉事鬼神高举在奉事人生之上，孔子则认为必须先懂得奉事人，才能讲到奉事鬼。 这一态度使孔子不能成为一位教主，也使中国思想史的将来永远走不上宗教的道路。

단 어

人死 rénsǐ 명 (사람의) 죽음. 〔삶(人生)의 상대되는 용어로 만든 말〕

转入 zhuǎnrù 동 전입하다. 이월하다. 넘어가다. 들어가다.

属 shǔ 동 속하다. 잇다. 명 같은 부류, 같은 범주.

死生之际 sǐ shēng zhī jì 삶과 죽음의 경계

天人之际 tiān rén zhī jì 우주론과 인생론의 경계. 하늘의 뜻과 인간의 의지 사이의 경계선.

不朽 bùxiǔ 명 불후. 영생. 영원.

三不朽 sān bùxiǔ 명 세 가지 영원한 것.

直到 zhídào 동 쭉 ~에 이르다. 직행하다. 곧바로〔직접〕 도착하다.

公元前 gōngyuán qián 명 기원전.

未答 wèi dá 동 대답하지 않다. 未는 부정부사로서 还没 혹은 不의 뜻.

远祖 yuán zǔ 명 원조. 먼 조상.

禄位 lùwèi 명 작위(爵位). 존귀한 직위.

未辍 wèi chuò 동 그치지 않다. 끊기지 않다.

算得 suànde 동 ~라고 여기다. 헤아릴 수 있다.

世禄 shìlù 명 대대로 누리는 작위.

接着说 jiēzhe shuō 동 이어서 말하다. 接着는 부사로서 '이어서, 연이어'의 뜻.

太上有立德 tài shàng yǒu lì dé 최고로는 훌륭한 인격자가 되는데 있다.

其次有立功 qí cì yǒu lì gōng 그 다음으로는 훌륭한 업적을 이룩하는데 있다.

其次有立言 qí cì yǒu lì yán 그 다음으로는 훌륭한 저술을 남기는데 있다.

不废 bù fèi 동 효력을 잃지 않다. 폐지되지 않다. 영원하다.

传袭 chuánxí 동 전해져 이어오다.

食禄 shílù 명 봉록(俸禄).

不辍 bù chuò 동 그치지 않다. 계속되다.

人生界 rénshēngjiè 명 인간 세상.

形而上学 xíngérshàngxué 명 형이상학.

精神界 jīngshénjiè 명 정신 세계

未能事人 wèi néng shì rén 사람을 모실 수 없다.

焉能事鬼 yān néng shì guǐ 어떻게 귀신을 모실 수 있을까.

未知生 wèi zhī shēng 삶을 아직 모른다.

焉知死 yān zhī sǐ 어떻게 죽음을 알 수 있을까.

答复 dáfù 명 동 답변(하다).

奉事 fèngshì 동 받들어 모시다.

高举 gāojǔ 동 ①높이 들다. 추켜들다. ②세속을 떠나다.

走不上 zǒu bù shàng 동 걸어갈 수 없다.

고유명사

叔孙豹 Shū sūn bào 인명 춘추시대 노(鲁)나라 귀족.

鲁国 Lǔ guó 명 노나라.

晋国 Jìn guó 명 진(晋)나라. 춘추시대 산서성 및 하남성 지역에 할거하던 제후국의 이름.

范宣子 Fàn xuān zǐ 인명 춘추시대 진(晋)나라 귀족.

虞夏商周 Yú Xià Shāng Zhōu 순(舜) 임금 시절, 하왕조, 은왕조(=상왕조), 주왕조.

论语 Lùnyǔ 명 논어.

孔门 Kǒngmén 명 공자의 문하

师弟 shīdì 명 스승과 제자

季路 Jīrù 인명 계로. 자로(子路). 〔자로의 원래 이름 중유(仲由)이다. 자로는 그의 자(字)이다. 한때 노나라 권력자 계씨(季氏) 밑에서 관직을 했기에 계로(季路)라고도 부른다〕

구문 분석 및 해설

1. 人生问题中最大的，莫过于人死之问题。人死问题就从人生论转入宇宙论，这已不属人而属天。死生之际，就是天人之际。

'莫过于~'는 '~를 넘는 것이 없다'는 뜻이다.
'从'은 개사로서 '~로부터'의 뜻이며 '转入'으로 연결된다. 그러므로 '从人生论转入宇宙论'은 '从A转入B'의 구문으로 파악하여 'A로부터 B로 넘어간다'로 해석하면 무난하다.
'这已不属人而属天'에서 '这'는 대명사로서 앞 구절의 '人死问题'를 가리킨다. '已'는 부사로서 '이미'의 뜻이며, '已经'의 준말로 보아도 좋다. '不属人而属天'의 '属'는 '~에 속하다'는 뜻으로, 일반적으로 장소나 범위를 표시하는 개사 '於'를 붙여 '属於'로 쓰는 것이 현대 백화문다운 용법이나, 이처럼 단독으로 간명하게 쓰기도 한다.

2. 人人都不愿有死，人人都想不朽、永生

'人人'은 '人们' 혹은 '每人'으로 바꿔 써도 된다.
'不愿有死'의 '死'는 명사로 사용된 것이다. 동사로 사용하면 '不愿死'로 해도 되나 현대 중국어는 쌍음절이 보편적이므로 '有死'로 처리한 것이다. 쌍음절 동사로 만든다면 '死去'와 같은 식으로 처리해도 무방하다.

3. 这是世界人类思想史上最古、最早，共同遇到、共同要想解决的问题。

이 문장의 기본 골격은 '这是~问题'이다. '世界人类思想史上' 앞에는 개사 '在'

가 생략되었다. ‘共同遇到’와 ‘共同要想解决’는 모두 ‘问题’를 수식하고 있다.

4. 春秋时代的叔孙豹对此曾发表了极有名的“三不朽”论， 直到现在，还成为中国人的传统信仰观念。

‘对此’의 ‘此’는 대명사로서 앞서 나온 문제를 가리킨다.
‘曾’은 시제를 나타내는 부사로서 ‘일찍이’의 뜻이다.
‘极有名’의 ‘极’는 부사로서 최상급을 나타내며 이 경우 ‘极为’로 쓸 수도 있고, 현대 백화에서 자주 등장하는 ‘最’로 써도 된다.
세 가지 중요한 성취는 영원히 기억되므로 ‘“三不朽”라고 한 것이며, 구체적으로 훌륭한 인격、훌륭한 업적 및 훌륭한 저서를 일컫는다.
‘直到现在’는 ‘지금에 이르기까지 줄곧’의 뜻이다. ‘直’는 ‘一直’의 준말로 파악하면 된다.
‘还成为’의 ‘还’는 ‘그때는 물론이고 지금까지도 여전히’의 뜻이다. ‘成为’는 ‘A成为B’의 구문으로 파악하여 ‘A는 B가 되었다’로 해석한다.

5. 公元前549年，鲁国叔孙豹访问晋国，晋国的范宣子问他，如何是不朽?

‘549年’은 ‘五百四十九年’으로 읽어도 되고 ‘五四九年’으로 읽어도 된다. ‘1999年’이라면 ‘一千九百九十九年’으로 읽어도 되고 ‘一九九九年’으로 읽어도 된다. ‘2005年’이라면 ‘两千零五年’으로 읽으면 된다. 연도를 표기하는 서수(序数)는 원칙적으로 순서를 나타내는 ‘第’를 앞에 붙여줘야 하지만, 이처럼 생략하기도 한다.
‘如何’는 대명사로서 ‘왜, 어째서, 어떠한가, 어떻게 (하면)’ 등의 뜻이므로 문맥에 맞춰 적절하게 해석하면 된다. ‘如何是不朽’는 고문 스타일의 압축된 구문이므로, 현대 백화문 스타일로 풀어쓰면 ‘怎么(样)才算是不朽’ 정도가 된다.

6. 叔孙豹未答，范宣子说，我范家远祖经历虞夏商周四代直到此刻，禄位未辍，是否算得不朽?

'未答'는 '대답하지 않았다'는 뜻이다. '未'는 부정부사로서 '还没' 혹은 '不曾'의 뜻을 나타내며, '아직~이 아니다'로 해석하면 된다.
'经历'는 동사로 사용되어 '거치다, 경과하다'의 뜻이다.
'我范家远祖经历虞夏商周四代直到此刻'는 'A经历B(直)到此刻'의 구문으로 파악하여, 'A는 B를 거치며 지금까지 (쭉) 이어졌다'로 해석한다.
'禄位未辍'의 '禄位'는 작위이며, '未辍'은 멈추지 않았다, 즉 계속 이어졌다는 뜻이다. '否'는 '不是'의 뜻으로, '是否'는 곧 '是不是'이다. 이렇듯 긍정과 부정을 사용하면 의문문이 된다. '算得'는 '~로 여기다', '~로 간주하다'의 뜻이다.

7. 叔孙豹说，那是家族的世禄，不是人生的不朽。叔孙豹接着说，"豹闻之，'太上有立德，其次有立功，其次有立言。' 虽久不废，此之谓不朽。"

'接着说'의 '接着'는 부사어로서 '잇달아, 연이어'의 뜻이다. 그러므로 '接着说'는 '이어서 말하다'이다.
'豹闻之'의 '豹'는 앞에 나온 '叔孙豹'의 이름이다. 고인들은 자신을 지칭할 때 자기의 이름을 부르는 것으로 겸손을 표시했다.
'闻之'의 '之'는 대명사로서 앞에 나온 '人生的不朽'를 가리킨다. '闻'은 고문투의 용법으로, 현대 백화로 표현하면 '听过'가 되며 '들은 적이 있다'는 뜻이다. 누구에게 들었는지는 알 수 없으나, 옛 사람들의 표현 방식을 고려하건대, 자신의 생각이지만 이런 식으로 완곡하게 표현했을 수도 있다.
'太上有立德'에서의 '太上'은 '最高'의 뜻이다.
'立德'는 명사이자 목적어로 사용되었으며, 후세에 귀감이 될만한 '훌륭한 인격을 이룩함'이라는 뜻이다.

‘其次’는 ‘그 다음’의 뜻이며, ‘立功’은 국가와 국민을 위하여 훌륭한 업적을 세우는 것, ‘立言’은 훌륭한 저서를 쓰는 것이다. 이런 업적들은 아무리 세월이 흘러도 영원히 후세 사람들의 기억 속에 살아있으므로, ‘不朽’라고 한 것이다. ‘虽久不废, 此之谓不朽’는 바로 그 뜻이다. ‘虽久不废’는 ‘비록 오래 되어도 계속된다’는 뜻이다.

‘此之谓’는 도치된 형태인데, 원래는 ‘谓此’이다. ‘谓’는 동사로서 ‘～라고 부르다〔일컫다〕’의 뜻이다. 지시 대명사 ‘此(=这)’는 목적어로서, 바로 앞에 나온 ‘太上有立德, 其次有立功, 其次有立言’을 가리키는데, 이 ‘此’를 앞으로 꺼내면서 그 사이에 ‘之’를 넣어 ‘此之谓’로 표현한 것이다. 고아(古雅)한 표현에 많이 사용되므로 이런 기회에 익혀놓으면 무척 유용하다.

‘不朽’란 우리말에서도 사용하는 ‘불후’ 그대로의 뜻이다. ‘朽’는 ‘나무가 썩는다’는 뜻이므로 불후는 곧 영원함 혹은 영생의 뜻이다.

이 이야기가 『춘추좌씨전』(春秋左氏传)에 실려 있다는 정도는 상식으로 알아두자.

8. 这一段对话告诉我们， 那时的中国人已经不相信人之生前和死後有灵魂存在，故他们想像不朽，早不从灵魂不灭上打算。

‘这一段对话’에서의 ‘段’은 양사(量词)로서, 일의 한 부분이나 물건의 한 토막 혹은 글의 한 단락 등을 나타낼 때 사용된다. 현대 중국어에서 양사는 다소 번잡하므로 많이 접하면서 기억해가는 수밖에 없다. ‘故’는 연결사로서 ‘그러므로’의 뜻이며 ‘因此, 因而, 故而, 所以’ 등등도 비슷한 뜻과 용법으로 사용되므로 함께 기억하는 것이 좋다.

‘早不从灵魂不灭上打算’은 ‘从A上B’의 구문으로 파악하여 ‘A의 각도(관점)에서 B하다’의 뜻이다. 그 앞에 부사 ‘早’와 부정부사 ‘不’가 추가된 형태이다. 그러므로 이 구절은 ‘진작부터 영혼 불멸의 각도(관점)에서 생각하지 않았다’로 해석한다.

9. 范宣子以家世传袭食禄不辍为不朽，叔孙豹则以在社会人群中“立德、立功、立言”为不朽。

앞 뒤의 분구에서 모두 ‘以A为B’의 구문이 사용되었다. ‘A를 B로 여기다(생각하다, 간주하다)’의 뜻이다.

10. 只能不朽在这个人生圈子之内，不能逃离这个人生圈子，在另一个世界中获得不朽。

‘只能A, 不能B’의 구문으로 파악하여 ‘단지 A일 뿐이지, B일 수는 없다’로 해석한다.

11. 依照中国人的思想，诚如叔孙豹所启示的，人们应该活在其他人的心里。立德、立功、立言，使其人在後代人们心里永远保存出现，这就是其人的复活，也就是其人的不朽。

‘依照’는 ‘~에 따르면’의 뜻으로, ‘按照’와 바꿔 써도 무방하다.
‘人们’은 복수형으로 앞서 나온 ‘人人’으로 바꿔 써도 좋다.
‘应该’는 부사로서 ‘반드시’의 뜻이며, 이와 비슷한 뜻과 용법의 부사로서 ‘应当、该当、一定、必定、必须’ 등이 있으며 경우에 따라서는 ‘应、该、当、定、必、须’ 등과 같이 단음절로 사용할 수도 있다.
‘诚如叔孙豹所启示’에서의 ‘所’는 조사(助词)로서 동사 앞에 붙어 그 동사가 명사 역할을 하게 해준다. 고대 한어에서 유래된 표현이다. ‘诚’은 부사로서 정말, 진실로의 뜻. 그러므로 ‘诚如叔孙豹所启示’는 ‘숙손표가 계시한 바와 똑같이’로 해석한다. 예를 들어보면, ‘见’은 동사로서 ‘보다’이나 ‘所见’은 ‘본 바, 본 것’의 뜻으로 명사구가 되었다. ‘读’는 동사로서 ‘읽다’이나 ‘所读’는 ‘읽은 바, 읽은 것’의 뜻으로 명사구가 되었다. 따라서 ‘읽었던 책’을 중국어로 표현할 때 ‘读的书’

는 틀린 표현이며 '所'를 첨가하여 '所读的书'라고 해야 문법적으로 옳은 표현이다. 동사는 명사를 수식할 수 없기 때문에 '所读'와 같이 처리해주는 것이다. 이와 같은 용법은 다음 문장의 '如西方人所想像'에서도 또 등장한다.

12. 因此中国人思想里，只有一个世界，即人生界。并没有两个世界，如西方人所想像，在宗教里有上帝和天堂，在哲学中的形而上学里，有精神界或抽象界的价值存在。

'因此'는 연결사로서 '그러므로'의 뜻이다. 앞서 나온 '故'와 같은 뜻이며 용법도 같다.
'只有一个世界, 即人生界. 并没有两个世界'는 '只有A, 并没有B'의 구조로 분석하여 '단지 A가 있을 따름이지, 결코 B는 없다'로 해석하면 쉽다.

13. 我们必须把握住中国古人相传的这一观点，才能了解中国思想史的特殊发展及其特殊成就。

'必须'는 부사로서 앞서 나온 '应该'와 뜻과 용법에서 별 차이가 없다.
'把握住'의 '把握'는 동사, '住'는 동사 보어(결과 보어)로 사용되어 동작의 상태나 결과를 보충해준다. '把握'는 손가락을 움켜쥔다는 뜻인데, '住'는 결과 보어로서 '견고하다거나 안정됨, 혹은 정돈이나 정지의 느낌'을 표시하므로 '把握住'는 '확실히 파악한다'는 뜻이다. 이와 같은 동사 보어 중에서도 결과 보어는 그 앞에 '得' 혹은 '不'를 삽입하여 해당 동작의 역량이 충분한지 부족한지를 표시하기도 한다. 이를 테면, '把握得住'는 '단단히 장악할 수 있다', '把握不住'는 '단단히 장악할 수 없다'는 뜻이다.
이 문장의 전체적인 구조를 보면, 뒷 구절이 才(비로소)로 시작되므로, 가정법과 비슷하게 번역해주는 것이 무난하다. '반드시 ~해야만 비로소~'는 식으로 처리한다.

14. 叔孙豹说这一番话，正当孔子三岁的婴孩期，这对孔子思想一定有很大的影响。

‘说这一番话’는 ‘说话’ 사이에 ‘这一番’이 삽입된 구문이다. 물론 ‘这一番’은 ‘话’를 수식한다. 수량사(数量词) ‘一番’은 ‘한 차례, 한 바탕’의 뜻이므로, ‘说这一番话’는 ‘한 차례 이런 말을 하다’로 해석한다.

‘正当孔子三岁的婴孩期’의 ‘正’은 부사로서 그 다음에 나오는 동사의 상태나 동작이 ‘딱 어떠어떠하다’는 뜻이다. ‘当’은 개사(介词)로서 사건이 발생한 시간을 나타내며, 일반적으로 해당 구절의 마지막에 ‘时’나 ‘的时候’가 붙는다. 여기서는 ‘时(的时候)’ 대신에 ‘的婴孩期’가 사용되었다.

‘这对孔子思想一定有很大的影响’는 ‘A对B有C的影响’으로 파악하여 ‘A는 B에 C의 영향이 있었다(영향을 끼쳤다)’로 해석하면 무난하다.

15. 看看《论语》里孔门师徒之间的对话。

‘看看’은 단음절 동사가 중첩한 모습인데 ‘시험삼아 보다’의 뜻으로 해석하면 된다. ‘看看’ 사이에 ‘一’를 넣어 ‘看一看’으로 사용하면 ‘좀. 약간. 잠시. 한번’의 뜻이 더욱 부각되어, ‘시험삼아 ~을 한다’거나 ‘자신의 의지나 상대의 동작 및 행위를 가볍게 재촉하는 어감’이 담겨진다. 따라서 ‘看看’은 ‘잠시 보기로 하자’ 정도로 뜻을 파악하면 좋다.

16. 季路问事鬼神，子曰：‘未能事人，焉能事鬼。’

이 구절은《논어、옹야》(论语、雍也) 편에 나오는 유명한 말로서, 중국인의 현실주의적 인생관의 유래를 웅변적으로 보여주므로, 각별히 기억할 필요가 있다.

‘季路问事鬼神’에서 ‘问’과 ‘事’는 모두 동사로서 동사가 연이어 나왔지만, ‘事’는 목적어 ‘鬼神’과 연결된 것으로, ‘귀신을 모시는 것을 물었다’로 파악해야 한다. ‘季路’는 공자 제자의 이름으로 우리에게는 ‘子路’로 더 알려져 있다. ‘子曰’

은 흔히 이야기하듯 '공자 가라사대'이다. '子'는 '아들-자'가 아니라 '선생님'의 뜻으로 쓰였다.

'未能事人, 焉能事鬼.'에서 '未'는 '还没'의 뜻이며, '事'는 동사로서 '모신다'는 뜻이다. '焉'은 의문 대명사로서, 현대 백화문에서의 '怎么'에 해당한다.

17. 曰：'敢问死。' 曰：'未知生，焉知死。'

이 부분 역시 《논어》의 원문을 그대로 인용했는데, 앞 구절에서 季路가 여쭈었고 공자가 대답했으므로, 굳이 중복할 필요가 없기에 생략된 것이다. 필사 도구가 귀했던 옛날에는 생략할 수 있는 글귀는 과감하게 생략했기 때문이다.

18. 世界上一切宗教，　似乎都想根据人死问题来解决人生问题，孔子则认为明白了人生问题，才能答复人死问题。

'似乎'는 부사로서 '마치 ～인 듯하다'의 뜻이다.

'根据'는 동사로서 '～에 근거한다'는 뜻으로, 어떤 상황을 전제로 하여 결론을 얻어내거나 혹은 판단한다는 의미이다.

'根据人死问题来解决人生问题'에서의 '来'는 동사가 아니라 접속사(接续词)로 사용되었으며, 개빈구조(介宾构造)와 동사 사이에 삽입되어 방법、방향、태도、목적 등을 나타낸다. 여기서는 방법이나 태도를 나타내고 있다.

19. 世界上一切宗教，都把奉事鬼神高举在奉事人生之上，孔子则认为必须先懂得奉事人，才能讲到奉事鬼。

'把奉事鬼神高举在奉事人生之上'에서의 개사 '把'는 목적어 '奉事鬼神'을 앞으로 끌어내는 역할을 한다. 이 구절을 원래대로 환원하면, '高举奉事鬼神在奉事人生之上'이 된다. '把'에 관해서는 어법설명 코너를 참고.

20. 这一态度使孔子不能成为一位教主，也使中国思想史的将来永远走不上宗教的道路。

‘这一态度’에는 양사가 생략되었으며, ‘一’ 다음에 ‘种’을 넣어 ‘这一种态度’로 환원할 수 있으며, 수사 ‘一’를 생략하고 ‘这种态度’로 사용하기도 한다.
‘使’는 일반적으로 ‘A + 使 + B(목적어) + C’의 형태로 사용되어, ‘A가 B에게 C가 되도록 하였다’는 뜻이다. ‘虛心使人进步, 骄傲使人落後.(겸손함은 사람을 진보시키고, 교만함은 사람을 낙후시킨다.)’를 그 예로 들 수 있다.
‘走不上’은 ‘걸을 수 없다’는 뜻으로, ‘上’은 동사 뒤에 붙어 보어 역할을 해준다. 이러한 동사 보어는 흔히 ‘단음절 동사 + 不 + 上’의 형태로 사용되는데, 이 형태의 긍정은 ‘단음절 동사 + 得 + 上’이며, ‘걸을 수 있다’는 뜻이다. 목적어가 ‘道路’이므로 그 위를 걷는다는 개념에서 ‘走不上’이라 표현하였다.

把에 대하여

개사 '把'는 특정한 사물이 어떤 행위나 동작으로 인해 어떤 변화가 있거나 영향을 받아 어떤 결과를 낳았다는 것을 표시한다. 쉽게 말하여, 동작의 대상이 명확하고, 행위가 명확하고, 결과 역시 명확하게 표시할 때 把를 사용한다. 다음 예문으로 확인하자.

他把书从书包里拿来。 : 그는 가방에서 책을 꺼냈다. (동작의 대상-书, 동작-拿, 결과-来)

그렇다면 왜 把를 사용할까? 일반적으로 강조하기 위해서다. 다음 3개의 문장을 서로 비교하기로 하자.

(1) 他买到了那本书。

(2) 那本书他买到了。

(3) 他把那本书买到了。

위 3개의 문장은 의미가 비슷하고 어법적으로도 모두 맞지만, 그러나 이야기하려는 중점이 다르다. 우리는 보통 이야기할 때, 이미 알고 있는 사실은 앞에 두고, 새로운 사실이나 중요한 점은 뒤에 말한다. 그러므로 (2)와 (3)은 그 책을 "샀다-买到了"는 데 중점이 있는 것이다.

그렇다면, (2)와 (3)의 차이점은 무엇일까? (2)는 "그 책-那本书"을 어떻게 했느냐는 "그 책"에 중점이 있으며, (3)은 "그-他"가 어떠했느냐에 중점이 있다. 아래 보충 예문으로 다시 확인하자.

(2-1) 那本书他还想借? 不, 那本书他已经买到了, 不用借了。
그 책을 그는 더 빌리려고 하나요? 아니, 그 책을 그는 이미 샀으니 빌린 필요가 없어요.

(3-1) 他怎么那么高兴? 是啊, 他终于把那本书买到了, 当然高兴了。
그는 어찌 저리 즐거워하지? 그러게, 그는 마침내 그 책을 샀거든, 당연히 즐겁겠지.

연습문제

1. 아래의 용어를 사용하여 짧은 글을 지어보시오.

   ① 直到现在

   ② 是否

   ③ 接着说

   ④ 依照

   ⑤ 似乎

2. 본문 내용에 근거하여 아래 질문을 중국어로 답해보시오.

   ① 삼불후(三不朽)란 무엇을 말합니까?

   ② 영혼의 문제에 있어서 중국인과 서양인의 관점은 어떻게 다릅니까?

   ③ 공자는 삶과 죽음의 문제에 대해 어떤 태도를 취했습니까?

怕吃不完

一位顾客在饭店点了一种饼。服务员问他："这饼要切成四块还是八块？" 顾客想了一会儿，肯定地说："还是切成四块吧，切成八块，我一个人恐怕吃不完!"

身体圆圆肚子空，不遇喜事不吭声，节日游行庆胜利，槌子越打越高兴。请问，这是什么？

① 鼓　② 琵琶　③ 古筝　④ 三弦

第12课 韩中日三国贸易

参加博鳌亚洲论坛2005年年会的专家学者普遍认为，东北亚高度的贸易依存度使韩国、中国和日本在区域经济发展中不断寻求共赢。韩、中、日三国2004年的国内生产总值之和超过7万亿美元，占世界经济总量的1/5。去年韩、中、日外贸总额超过两万亿美元，其中58%来自三国之间的区域内贸易，高于北美自由贸易区的55%，逊于欧盟的65.5%。

日本内阁总理大臣辅佐官川口顺子24日在博鳌就

“亚洲新角色之聚焦东北亚”进行发言时说，一个相互依赖的区域性贸易链条在东北亚地区逐渐成型。据统计，2004年日本对华贸易总额高达2132.8亿美元，占日本外贸总额的1/5以上。中国业已取代美国成为日本最大的贸易伙伴，而日本也在继欧盟和美国之后成为中国第三大贸易伙伴。川口顺子说，日本、韩国的管理能力同中国的巨大市场和增长的潜能结合起来不仅会给亚洲带来增长，而且会促进世界经济的不断发展。

中国改革开放论坛理事长郑必坚在24日的演讲中，同样肯定了在东北亚开展区域合作的观点。他说，过去几年，东亚10＋3合作进程发展迅速，东盟10国和中、日、韩三国在贸易、教育等领域广泛开展合作，不断探索体现东亚地区特色的合作观和发展观。他认为这样的经验同样可以为东北亚区域合作所借鉴。

上海社科院亚太研究所副所长王少普认为，有了欧洲共同体和北美自由贸易区的成功经验，区域合作似乎正在成为世界的潮流。然而，王少普认为，东北亚各国在经济发展水平、历史文化传统、意识形态和政治制度等方面存在巨大差异，因此该地区的合作机制恐怕难以照搬欧盟或北美模式。他认为眼下最大的问题是，作为区域内经济大国，日本在东北亚贸易合作当中，并未取得邻国民众和企业的充分信任。

韩国总统经济顾问丁文秀说，只有在增进相互了解和信任的基础上，才能实现东北亚经济的繁荣。他说，如果当初德、法两国领导人对历史没有真诚的深刻的认识，欧洲一体化就不会那样成功。

단 어

共赢 gòngyíng 동 공생. 윈윈. 共赢是市场经济发展的客观需要.

论坛 lùntán 명 좌담회. 토론장. 포럼. 심포지움.

寻求 xúnqiú 동 찾다. 탐색하다. 关系.

逊 xùn 형 열등하다. 못났다. 시원찮다.

聚焦 jùjiāo 명 동 초점(을 맞추다). 집중(하다). 聚焦当前宏观经济重大问题.

链条 liántiáo 명 쇠사슬. 연결고리. 체인.

业 yè 부 이미. 벌써. 我国建立存款保险制度的市场条件业已成熟.

潜能 qiánnéng 명 잠재력.

体现 tǐxiàn 동 명 표현하다. 보여주다.

借鉴 jièjiàn 동 거울로 삼다. 참조하다.

照搬 zhàobān 동 베끼다. 답습하다. 中国应学习印度经验而不照搬其模式.

眼下 yǎnxià 명 지금. 현재. 목하. 眼下笔记本电脑的业内人士都比较乐观.

真诚 zhēnchéng 형 진솔하다. 성실하다.

深刻 shēnkè 형 깊다. 선명하다. 뚜렷하다.

고유명사

博鳌 Bó'áo 중국해남도의 작은 마을 이름.

구문 분석 및 해설

1. 中、日、韩三国2004年的国内生产总值之和超过7万亿美元

주어는 '和', 술어동사는 '超过', 목적어는 '7万亿美元'이다. '和'는 '合'와 같은 의미이다.

2. 高于北美自由贸易区的55%，逊于欧盟的65.5%

'高于～'는 '～보다 높다'는 표현이고, '逊于～'는 '～보다 못하다'는 표현이다.

3. 川口顺子24日在博鳌就'亚洲新角色之聚焦东北亚'进行发言时说

'就'가 개사로 쓰일 경우, 바로 뒤에 목적어를 갖는다. '亚洲新角色之聚焦东北亚'가 곧 그 목적어이다. '进行发言'은 동빈구이다.

4. 中国业已取代美国成为日本最大的贸易伙伴

'业'와 '已'는 부사로서, 함께 붙여 사용한 경우이다. '取代'와 '成为'는 연동형식이다.

5. 而日本也在継欧盟和美国之后成为中国第三大贸易伙伴

'継'와 '成为'가 연동구를 이룬다. 각각 '欧盟和美国之后'와 '中国第三大贸易伙伴'을 목적어로 갖는다. '在'는 진행형부사이다.

6. 日本、韩国的管理能力同中国的巨大市场和增长的潜能结合起来

'同'이 '日本、韩国的管理能力'와 '中国的巨大市场和增长的潜能'을 연결하는 주어의 연사로 사용되었고, '和'는 주어후반부의 연사로 쓰였다. 그리고 '同'은 개사로 보아도 무방하다. '起来'는 '조직하다' '결합하다' '단결하다' 등의 '조합'을 나타내는 의미를 더해주는 방향보어이다.

7. 这样的经验同样可以为东北亚区域合作所借鉴

피동문이다. '为~所~'의 형식으로 이루어진 피동구문이다. 즉 '为A所B'라면 'A에 의해 B되다'라는 의미가 되며, 본문에서는 '동북아지역협력을 위해 거울이 빌려질만하다', 다시 의역하면 '동북아지역의 협력을 위해 거울로 삼을만하다'고 해석할 수 있다.

8. 该地区的合作机制恐怕难以照搬欧盟或北美模式

'恐怕'와 '难以'는 모두 부정적인 의미를 내포하므로, 함께 사용되는 경우가 많다.

9. 作为区域内经济大国

'作为~'는 '~로서'이다. 뒤에 나오는 주어 '日本'의 의미를 규정한다.

10. 只有在增进相互了解和信任的基础上才能实现东北亚经济的繁荣

조건절을 가진 복합문장이다. 골격은 '只有~, 才(能)~'이다. 흔히 '只要~, 就~'와 비교된다.

특수비교문

현대한어의 보통화(普通话)에서 사용되는 비교문의 구조를 보면, 비교되는 요소를 주어 뒤에 놓게 된다.

我比他高。

我比他跑得快。

하지만 고대한어에서 사용되던 비교문은 비교되는 성분을 문장의 뒤쪽에 놓았다.

季氏富于周公。

苛政猛于虎。

子贡贤于仲尼。

이런 문장들을 현대문으로 번역하면 다음과 같다.

季氏比周公富有。

苛政比老虎凶猛。

子贡比仲尼贤能。

고대한어의 이러한 문장형식은 현대보통화에서는 일반적으로 사용되지 않지만 서면어 문장에서는 아직도 사용되고 있다.

연습문제

1. 주어진 말을 이용하여 짧은 글을 지어 보시오.

① 其中
② 就～进行发言
③ 取代～成为
④ 同～结合起来
⑤ 为～所～
⑥ 似乎正在～
⑦ 恐怕难以
⑧ 作为～
⑨ 在～当中
⑩ 只有～才能

2. 본문의 내용에 근거하여 아래 질문에 중국어로 답해 보시오.

① 한중일 삼국이 경제협력을 이루어야 하는 배경은 무엇입니까?
② 삼국 경제협력의 장애는 무엇입니까?
③ 유럽연합의 경제공동체와 동북아 삼국의 경제연합의 차이점은 무엇입니까?

字条

虽然是夫妻, 但各自保留一小块私人空间。一日, 发现自己的抽屉多了两根长发, 便留下一张字条, 上书'随便翻别人的抽屉是不对的。另: 老婆, 你掉头发了。' 隔日发现里面多了张字条, 上书'我没有随便翻, 你存私房钱已被发现。另: 老公, 掉头发是营养不良的症状, 用你的私房钱改善我们这俩月的伙食吧。'

前进者败, 后退者得胜。请问, 这是什么运动?

① 跑步　② 马拉松　③ 拔河　④ 竞走

第13课 桂林山水

中国有句古话，叫做“仁者乐山，智者乐水”，意思是心肠好的人喜欢山，脑子聪明的人喜欢水。为什么这样说呢？这跟山水的特点有关。山的特点是稳固坚定，就像仁者一样宽厚实在；水的特点是明澈流动，就像智者一样机智灵活。大家说有没有道理？传了几千年的话，应该是有道理的吧。要是这样，今天我就可以知道咱们这个团的朋友们哪些人是仁者，哪些人是智者，哪些人是仁智双全的，还有哪些人是既不仁也不智的—我敢肯定，咱们团没有既不仁也不智的人。为什么？我们今天要去的是有山有水的地方，不仁不智的人是不会参加我们的旅游团的。我们都是好人，祝好人一路平安！— 自己祝自己。

中国历来有“桂林山水甲天下”的说法。所谓桂林山水，指的是北起兴安，南到阳朔的沿漓江河谷，大约2000平方公里范围内的山水风景。这一带是典型的岩溶地形，一座座小山平地拔起，好像刀劈斧削一般。有的如竹笋，有的如长剑，有的如威武的大将军，有的则如亭亭玉立的少女，千姿百态。因为这里地处亚热带湿润季风区，降雨充沛，一座座山峰草木茂盛，常年呈现郁郁葱葱的景色。由于沿江两岸植被良好，蜿蜒穿行于千峰万峦之间的漓江，江水清澈，微风起处，波光粼粼。青山绿水，互相映照，十分明丽，令人留连忘返。

桂林山水，尤以阳朔一带最为美丽，素来享有"桂林风光在阳朔"的美誉。阳朔县在桂林东南。漓江从桂林到阳朔有83公里水路，是整个桂林山水的重要组成部分。这一带山峰挺拔秀美，碧水萦绕其间。从桂林乘船南行，只见两岸树木葱茏，翠竹成林，群峰奇峭。山间平整的地方是大片的农田，时而有劳动者和耕牛点缀其间，绿油油的田野上不时会现出茅屋村舍，宛如世外桃源，人间仙境。一到水流急速的江段，就会出现"船上看山如走马，倏忽过去数百群"的感觉，令人惊奇，令人目不暇接。一路之上，除了青山秀水，也有深潭险滩、瀑布流泉等美景映入眼帘，沿江而行，就好比眼前徐徐展开一幅百里山水长卷，美不胜收。

假如你弃舟登山，就又有一番美景。不少山上都有历代留下的建筑和摩崖石刻，佛教造像。例如，叠彩山风洞就有几十尊宋代造像，七星岩内刻着南宋文学家范成大的〈碧虚铭〉，文章书法俱佳，伏波山还珠洞洞壁上刻着的宋代书画家米芾的自画像，神态潇洒，是珍贵的绘画史料。桂林最有名的石刻当属七星公园月牙山瑶光峰南麓的龙隐洞和龙隐岩，这里因石刻密布，“壁无完石”，而被命名为“桂海碑林”。徜徉在这些洞壁之下，你可以尽情欣赏造像艺术、名人诗文和书法，也可以饱览形态各异的石钟乳、石笋、石花和石幔。

“江作青罗带，山如碧玉簪”这是唐代文学家韩愈游桂林山水后留下的诗句，您准备留下什么样的诗句呢？

단 어

心肠 xīncháng 명 마음, 마음씨, 성격.

宽厚 kuānhòu 형 넓고 두텁다 . 너그럽고 후하다.

灵活 línghuó 형 민첩하다. 재빠르다. 융통성이 있다. 신축성이 있다.

双全 shuāngquán 형 둘다 겸비하다. 双全其美 둘 다 훌륭하다.

桂林山水甲天下 Guìlín shānshuǐ jiǎ tiānxià 계림의 산수는 천하에서 가장 경치가 아름답다

拔起 báqǐ 동 우뚝 솟다. 우뚝 일어서다

刀劈斧削 dāopīfǔxiāo 칼로 자르고 도끼로 깎다.

威武 wēiwǔ 명 권세와 무력 형 위풍당당하다.

亭亭玉立 tíngtíngyùlì 미녀의 몸매가 날씬한 모양, 꽃이나 나무가 우뚝한 모양.

湿润 shīrùn 형 (공기나 토양 따위가) 촉촉하다.

充沛 chōngpèi 형 넘쳐흐르다, 왕성하다.

蜿蜒 wānyán 형 (뱀 따위가) 꿈틀 꿈틀 기어가는 모양

郁郁葱葱 yùyùcōngcōng 형 초목이 짙푸르게 무성한 모양.

千峰万峦 qiānfēngwànluán 능선이 이어진 천만개의 산봉우리

植被 zhíbèi 명 (植) 식피, 식생(植生).

粼粼 línlín 형 맑고 깨끗하다.

留连忘返 líuliánwàngfǎn (흔히 아름다운 경치에) 빠져들어 돌아갈 줄 모르다.

葱茏 cōnglóng 형 초목이 짙푸르게 무성한 모양.

挺拔 tǐngbá 형 우뚝 솟다, 곧추서다.

萦绕 yíngrào 동 감돌다, 맴돌다.

奇峭 qíqiào 형 매우 가파르다. 奇는 부사로 매우의 뜻을 지님.

点缀 diǎnzhui 동 꾸미다, 장식하다.

绿油油 lǜyōuyōu새파랗게 반들거리다.

茅屋村舍 máowūcūnshè 명 초가 마을.

倏忽 shūhū 부 갑자기, 돌연, 어느덧.

惊奇 jīngqí 동 놀랍고도 이상하다. 이상히 여기다.

目不暇接 mùbùxiájiē 많아서 다 볼 수 없다. (=目不暇给 mùbùxiájǐ)

险滩 xiǎntán 명 험난한 여울.

眼帘 yǎnlián 명 시야.

美不胜收 měibùshēngshōu 성 아름답고 훌륭한 것이 너무 많아서 한꺼번에 다 볼 수 없다.

潇洒 xiāosǎ 형 대범하고 시원스럽다. 스마트하다.

徜徉 chángyáng 동 한가로이 거닐다.

石钟乳 shízhōngrǔ 명 종유석.

石笋 shísǔn 명 석순.

石花 shíhuā 명 석화. 종유꽃. 꽃처럼 펼쳐진 투명한 석순.

石幔 shímàn 명 종유 장막. 종유석이 커튼처럼 나란히 내려온 것을 이름.

고유명사

兴安 Xīngān 흥안. 광서성 계림시(广西省 桂林市)에 있는 지명.

阳朔 Yángshuò 양삭. 광서성 계림시(广西省 桂林市)에 있는 지명.

漓江 Líjiāng 이강. 광서성 계림시(广西省 桂林市)에 있는 강 이름.

范成大 Fànchéngdà 범성대. 송대 문학가.

米芾 Mǐfǔ 미불. 북송시대 서화가.

구문 분석 및 해설

1. 一座座小山平地拔起

수량사를 중첩하여 사용하면 숫자가 많음을 나타내며, 이 때 둘째 수사 '一'는 생략할 수 있다. 즉 '一座一座小山'이라고 해도 되고, '一座座小山'이라고 해도 된다.

2. 因为这里地处亚热带湿润季风区

'地处'는 '지리적으로 ~에 위치하다, ~에 있다'는 의미이다. '处'는 'chǔ' 로 발음해야 한다. 'chù'로 읽으면 '장소, 부분, 점' 등의 뜻을 나타낸다.

3. 降雨充沛

'降雨'의 발음은 'jiàngyǔ'이다. '降'은 'jiàng'으로 발음하면 '내리다, 떨어지다'의 뜻을 가지며, 'xiáng'으로 발음하면 '항복하다, 투항하다'의 뜻이 된다.

4. 船上看山如走马, 倏忽过去数百群

송나라 때의 대문호 소동파(苏东坡)의 시 〈江上看山〉의 첫 구절이다.

船上看山如走马, 倏忽过去数百群。
前山槎牙忽变态, 后山杂沓如惊奔。
仰看微轻斜缭绕, 上有行人高缥缈。
舟人举手欲与言, 孤帆南去如飞鸟。

5. 江作青罗带，山如碧玉簪

강은 푸른 비단 띠요, 산은 푸른 옥비녀 같다.

6. 就好比眼前徐徐展开一幅百里山水长卷，美不胜收

'好比'는 '마치 ~와 같다'. '长卷'은 '긴 두루마리'이다. '就'의 강조용법에 관해서는 어법설명 코너를 참고.

7. 漓江从桂林到阳朔有83公里水路

여기에서의 '有'는 '있다'의 뜻이 아니라 '수량이 어느 정도에 이른다'는 뜻을 지닌다. '有83公里水路'는 '83킬로미터에 이르는 물길이다'의 뜻이다.

8. 就又有一番美景

'一番'은 '한바탕, 한차례'의 뜻이다. 추상적인 것에 쓰이며 '一' 이상의 수사가 사용되는 예는 없다. 아래 예문을 통해 확인하자.

一番事业 : 하나의 사업.

一番滋味 : 별다른 맛.

9. 这里因石刻密布，"壁无完石"，而被命名为"桂海碑林"

여기에는 석각이 빽빽이 깔려있어 '벽마다 성한 돌이 없기' 때문에 "桂海碑林"이라는 이름이 지어졌다. '비림(碑林)'이란 비석이 숲의 나무처럼 많다는 일종의 비유이다. 비림은 서안을 비롯한 몇 곳에 있는데, 역대 석각들이 진열되어 있다. '被命名为'에서의 '被'는 피동의 뜻을 나타내는 개사이며, '为'는 결과보어로 쓰였으므로, '被命名为'는 '명명되어 지다', 즉 '이름이 ~로 지어지다'의 뜻이다.

10. 您准备留下什么样的诗句呢

‘准备’는 원래 ‘준비하다’ 혹은 ‘준비’의 뜻이다. 그러나 ‘～할 작정이다’의 뜻도 지니며, ‘打算’과 같은 뜻을 나타낸다. 여기서는 후자의 뜻으로 쓰여 ‘당신은 어떤 시구를 남길 작정이지요?’라는 의미이다.

'就'의 용법

☞ 就는 강조를 나타내며 다음과 같은 뜻을 나타낸다.

1. 바로 : 他就是王老。그가 바로 왕 선생님이십니다.
2. 즉시 : 我就去。즉시 갈게.
3. 단지 : 我们班就有一个中国人。우리 반엔 중국인이 단지 한 명 뿐이야.
4. 결연한 의지를 나타냄 : 我就不去。난 절대로 안가겠어.

연습문제

1. 아래 용어를 사용하여 짧은 글을 지어보시오.
   ① 好比～
   ② 从～到～
   ③ 宛如～
   ④ ～, 令人目不暇接
   ⑤ 被命名为～

2. 본문 내용에 근거하여 아래의 물음에 중국어로 답해 보시오.
   ① "어진 사람은 산을 즐기고, 지혜로운 사람은 물을 즐긴다"는데, 왜 그렇습니까?
   ② "계림의 산수는 천하 제일"이란 찬사는 어떻게 나온 것입니까?
   ③ 당나라의 문학가 한유는 계림 산수를 유람하고 어떤 싯구를 남겼습니까?

比冷

两个都来自北方的小朋友在一个旅游团里认识了，他们比起了谁的家乡更冷。“我的家乡冬天可冷了，不管你穿多少衣服，你都会不停地发抖。”一个说。“我的家乡冬天比你的家乡还要冷，我妈妈给我们家养的奶牛挤奶，挤出来的不是牛奶，是冰淇淋！”另一个说。

小小圆形运动场，三个选手比赛忙，跑的路程分长短，最后时间一个样。请问，这是什么东西?

① 洗脸盆　② 钟表　③ 桌子　④ 电风扇

컴퓨터 상식 1

인터넷으로 읽는 현대와 고전 작품

1. 奇奇书屋 : http://www.qiqi.com
   现代文学 纪实文学 古典文学 幽默笑话 武侠小说 科幻作品 名家作品 笑话大全 军事文学 外国文学 科普作品 网友文集 电脑书籍 游戏攻略 新闻快递 今日更新

2. 中华文化网 : http://ef.cdpa.nsysu.edu.tw/ccw/
   诸子百家 历史传记 文学艺术 古诗词曲 科学技艺 古今散文 精彩小说

컴퓨터 상식 2

한글 윈도우 환경에서 요긴한 중국어 작업 몇 가지

1. 중국어 간체자 웹쪽 열람 및 입력
   한어병음으로 입출력을 하는 것이 무난하므로 ime를 설치하는 것이 편하다. 한글 윈도98이나 윈도미의 경우에는 외부 인스톨이 가능하지만, 윈도2000 이상은 자체 O/S로만 될 뿐 외부 설치는 안된다.

   ① 한글 윈도98/Me의 경우
   http://www.microsoft.com/MSdownload/iebuild/ime5_win32/en/ime5_win32.htm

위의 싸이트로 접속하여 온라인 설치하면 된다. 혹은 각종 중국어 관련 동호회 자료실에도 scmondo.exe가 등록되어 있다. 자동 압축 풀림 실행파일이므로, 더블 클릭으로 자동 설치된다. 재부팅 후에 익스플로러를 실행시키면 아이콘 트레이에 지구본 모양이 생긴다. 입력 언어를 IME 중국어 간체로 해놓고, 영문으로 한어병음을 입력하면 된다.

IME 중국어 간체를 설치하면, 중국어 입력 뿐아니라 웹상의 중국어 텍스트 자료도 무난하게 열람할 수 있다. 단, 자바 에플릿이나 자바 스크립트를 구사한 화면은 100% 완벽하게 구현되지 않는다.

② 한글 윈도2000 이상

시작>제어판>국가 및 언어 옵션>언어>텍스트 서비스 및 입력 언어>자세히

위와 같은 순서로 들어가면 기본 언어가 '한국어'로 되어있다. '추가'를 클릭하여 '중국어 간체' 및 '중국어 번체'를 선택하고 자판배열은, '중국어 간체자'(China)는 'Quanping'으로, '중국어 번체자'(Taiwan)는 'New Phonetic'으로 한다.

위와 같이 설정하고 '확인'을 클릭해주면 O/S 시디를 넣으라는 메시지가 뜬다. 시디를 넣어주면 자동으로 읽어서 관련 파일을 설치한다. 사용법은 한글 윈도98과 같다.

〔참고〕 중국어 번체자의 입력 방식은 '등록정보'로 들어가서 키보드 매핑(键盘输入对应)을 罗马拼音으로 해주면, 한어병음 입력하듯 입력하여 번체자를 입력할 수 있다. IME 중국어 간체를 설치하면 비단 익스플로러에서만 위와 같은 작업이 가능할 뿐 아니라 메모장을 비롯하여 흔글 및 MS Word에서도 중국어 간체 입력이 가능하다. MS Office 계열의 엑셀이나 파워포인트 경우는 유니코드

를 지원하는 한글 윈도2000 이상에서만 중국어 간체가 지원된다. 글 윈도98에서는 설령 입력이 되었더라도 깨져 보인다.

2. 웹상의 중문 자료를 자신의 홈페이지에 이용하려면

① 나모 웹에디터 활용

요즘 메모장으로 직접 html tag를 입력하며 웹쪽을 만드는 분은 없을 것이다. 대개 드림위버나 나모 웹에디터를 사용하는데, 한글 윈도 기반에서 중국어 자료를 처리할 때는 나모 웹에디터가 좋다.

웹상의 중국어 자료에서 원하는 부분을 불록 잡아 복사한다. 단축키는 Crtl + C. 클립보드에 임시 저장된 상태다. 이어서 나모 웹에디터를 실행시키고 원하는 곳에 커서를 대고 붙여넣기를 하면 끝난다. 이때 주의할 점은 단 한 가지, 한글 및 중국어가 혼용된 웹쪽이라면 반드시 사용 언어를 유니코드로 지정하고 저장한다. 동일한 웹쪽에서 서로 다른 언어코드를 병존시키기 위해서는 유니코드를 사용해야 한다. 만일 중국어만 있는 웹쪽이라면 GB 코드로 해도 된다.

② 게시판

커뮤니티나 카페 및 미니 홈페이지 게시판이 유니코드를 특별히 지원하지 않는다면, 웹상의 중국어 자료를 복사하여 붙여넣는다 해도 깨지기 일쑤다. 한글 윈도2000이나 XP는 기본적으로 유니코드를 지원하기 때문에 중국어 간체가 살아나는 경우도 있지만, 한글과 함께 출력되는 게시판에서는 어쩔 수 없이 한글이나 중국어 텍스트 둘 중의 하나는 깨져버린다. 이런 경우 당장 마땅한 대안은 없어 보인다. 유니코드를 지원하는 게시판을 이용하는 것이 가장 편하다. 그러나 편법을 사용해서라도 일반 게시판에 중국어 간체자나 번체자 문장을 올려놓고 싶으면, 아래와 같은 순서로 해본다. 한자 밑에

한어병음까지 살리는 방법을 제시한다.

ⓐ 우선 남극성(NJSTAR)를 사용하여 중국어를 입력하거나, 중문 웹 상의 자료를 불록잡아 복사하여 붙여넣기 한다. 이때 남극성 최신 버전을 사용한다.

ⓑ 입력했거나 붙인 중국어를 그 중국어와 함께 한어병음으로 변환시켜 준다. 남극성의 메뉴를 보면, 도구>한어병음 변환 항목이 있다. 변환을 원하는 부분을 불록으로 잡은 다음에 변환 버튼을 누르면 한자 아래 한어병음이 나타난다. (한어병음의 위치는 변환 전에 위치 조정을 미리 설정할 수 있음)

ⓒ 중국어와 한어병음을 모두 불록으로 잡아 복사하여 '나모 웹 에디터'에 붙여넣는다.

ⓓ 모든 내용을 불록으로 잡아서 폰트를 "MS Song"으로 해준다.

ⓔ 위에서 폰트를 조정한 문서의 'html 소스 보기'를 클릭한다. (나모 메뉴에 있음.)

ⓕ html 소스를 모두 불록으로 잡아 복사한다.

ⓖ 복사한 부분을 게시판에 붙여넣는다.

* 이때 주의! 반드시 게시판 html 사용에 '체크' 해줘야 html tag를 인식하여 뿌려준다.

물론 웹 호스팅을 시도한다면 자신의 홈페이지 계정에 유니코드가 무난하게 지원되는 Zero Board나 Sepal Board의 무료 소스를 인스톨하는 것이 가장 좋다. 이럴 경우 게시판 DB를 원하는대로 이용할 수 있기 때문에 대단히 유용하다.

第14课 荷塘月色

这几天心里颇不宁静。今晚在院子里坐着乘凉，忽然想起日日走过的荷塘，在这满月的光里，总该另有一番样子吧。月亮渐渐的升高了，墙外马路上孩子们的欢笑，已经听不见了，妻在屋里拍着闰儿，迷迷糊糊地哼着眠歌。我悄悄地披了大衫，带上门出去。

沿着荷塘，是一条曲折的小煤屑路。这是一条幽僻的路，白天也少人走，夜晚更加寂寞。荷塘四面，长着许多树，蓊蓊郁郁的。路的一旁，是些杨柳，和一些不知道名字的树。没有月光的晚上，这路上阴森森的，有些怕人。今晚却很好，虽然月光也还是淡淡的。

路上只我一个人，背着手踱着。这一片天地好像是我的，我也像超出了平常的自己，到了另一世界里。我爱热闹，也爱冷静，爱群居，也爱独处。像今晚上，一个人在这苍茫的月下，什么都可以想，什么都可以不想，便觉是个自由的人。白天里一定要做的事，一定要说的话，现在都可不理。这是独处的妙处，我且受用这无边的荷香月色好了。

曲曲折折的荷塘上面，弥望的是田田的叶子。叶子出水很高，像亭亭的舞女的裙。层层的叶子中间，零星地点缀着些白花，有袅娜地开着的，有羞涩地打着朵儿的，正如一粒粒的明珠，又如碧天里的星星，又如刚出浴的美人。微风过处，送来缕缕清香，彷佛远处高楼上渺茫的歌声似的。这时候叶子与花也有一丝的颤动，像闪电般，霎时传过荷塘的那边去了。叶子本是肩并肩密密地挨着，这便宛然有了一道凝碧的波痕。叶子底下是脉脉的流水，遮住了，不能见一些颜色，而叶子却更见风致了。

月光如流水一般，静静地泻在这一片叶子和花上。薄薄的青雾浮起在荷塘里。叶子和花彷佛在牛乳中洗过一样，又像笼着轻纱的梦。虽然是满月，天上却有一层淡淡的云，所以不能朗照，但我以为这恰是到了好处 — 酣眠固不可少，小睡也别有风味的。月光是隔了树照过来的，高处丛生的灌木，落下参差的斑驳的黑影，峭楞楞如鬼一般，弯弯的杨柳的稀疏的倩影， 却又像是画在荷叶上。塘中的月色并不均匀，但光与影有着和谐的旋律，如梵婀玲上奏着的名曲。

荷塘的四面，远远近近，高高低低都是树，而杨柳最多。这些树将一片荷塘重重围住， 只在小路一旁，漏着几段空隙， 像是特为月光留下的。树色一例是阴阴的，乍看像一团烟雾，但杨柳的丰姿，便在烟雾里也辨得出。树梢上隐隐约约的是一带远山， 只有些大意罢了。树缝里也漏着一两点路灯光， 没精打彩的， 是渴睡人的眼。这时候最热闹的， 要数树上的蝉声与水里的蛙声，但热闹是它们的，我什么也没有。(朱自清，1927年 7月)

단 어

荷塘 명 hétáng 연꽃이 심어져 있는 연못. '荷'는 꽃대가 물위로 솟아 나오는 연꽃이다. 원래는 둥근 연못을 '池(chí)', 네모진 연못을 '塘'이라고 구분하였는데, 지금은 池塘이 연못을 통칭하는 말로 쓰인다.

颇 pō 부 상당히. 꽤. 자못. 대단히. 형 편파적이다. 치우치다.

宁静 níngjìng 형 (환경이나 마음이나) 안정되어 있다. 조용하다. 편안하다.

乘凉 chéngliáng 동 더위를 피해 서늘한 바람을 쐬다.

迷迷糊糊 mímihūhū 형 분명하지 않다. 어렴풋하다. 모호하다.

哼 hēng 동 콧소리를 내다. 콧노래를 부르다. 흥얼거리다. 끙끙거리다.

眠歌 mián'gē 명 자장가

悄悄地 qiǎoqiaode 부 몰래, 살금살금.

大衫 dàshān 명 두루마기. 장삼. 가운.

曲折 qūzhé 형 구불구불하다. 꼬불꼬불하다. 곡절이 많다.
명 복잡하게 얽힌 사정. 복잡한 내막.

煤屑 méixiè 명 석탄 부스러기. 석탄 재.

幽僻 yōupì 형 그윽하고 외지다.

更加 gèngjiā 부 더욱. 한층 더.

寂寞 jìmò 형 외롭다. 쓸쓸하다. 적막하다. 적적하다.

蓊蓊郁郁 wēngwengyuyù 형 초목이 무성하고 울창하게 자란 것을 형용하는 말.

阴森森 yīnsēnsēn 형 음침하고 으스스하다. 어둡고 쓸쓸하다. 음산하다.

怕人 pàrén 형 무섭다. 겁나다. 동 겁나게 하다. 겁주다. 사람을 무서워하다.

踱 duó 동 천천히 걷다. 거닐다.

独处 dúchǔ 동 혼자 있다. 혼자 살다.

苍茫 cāngmáng 형 푸르스름하고 아득하다. 아득히 넓고 멀다.

妙处 miàochù 명 묘한 점. 오묘한 부분.

受用 shòuyòng 통 누리다. 즐기다. 향유하다.

无边 wúbiān 형 끝이 없다. 매우 넓다.

弥望 míwàng 통 눈에 가득 차다. 시야에 가득하다.

田田 tiántián 형 연잎이 수면 위에 떠있는 모양을 형용하는 말.

亭亭 tíngtíng 형 높고 똑바로 솟아 있다. 우뚝하게 높다.

零星地 língxīngde 드문드문. 산발적으로. 자질구레하게.

袅娜 niǎonuó 형 가녀리다. 부드럽고 곱다.

羞涩 xiūsè 통 수줍어서 주저하다. 부끄러워서 머뭇거리다.

打朵儿 dǎ duǒr 통 무리를 이루다. 한 데 모으다. 부 한꺼번에. 무더기로.

缕缕 lǚlǚ 형 연이어 끊이지 않다. 줄지어 이어지다.

渺茫 miǎománg 형 아득히 멀어서 불분명하다. 희미하다. 막막하다. 막연하다.

颤动 chàndòng 통 흔들리다. 진동하다. 떨리다. 떨다.

霎时 shàshí 명 삽시간. 순식간. 잠깐.

肩并肩 jiān bìng jiān 어깨를 나란히 하다.

宛然 wǎnrán 부 마치. 흡사. 완연히.

凝碧 níngbì 형 검푸르다.

脉脉 mòmò 형 은근히 정을 품은 모습을 형용하는 말.

遮住 zhēzhù 통 가로 막다. 가리다.

风致 fēngzhì 명 풍채. 풍모.

泻 xiè 통 쏟다. 쏟아지다. 퍼붓다. 설사하다.

朗照 lǎngzhào 형 (햇빛이나 달빛이) 밝게 비치다. 환하다.

酣眠 hānmián 명 깊은 잠. 곤한 잠. 깊이 자다. 숙면하다.

参差 cēncī 형 들쑥날쑥하다. 가지런하지 않다.

斑驳 bānbó 형 알록달록하다. 얼룩얼룩하다.

峭 qiào 형 산이 높고 험하다. 가파르다.

楞楞 léngléng 형 ①툭 튀어 나와 있다. ②(사람이) 말라서 뼈가 앙상하다. (표정이 나 태도가) 차갑다. 위엄 있다. = 棱棱

稀疏 xīshū 형 성기다. 드물다.

倩 qiàn 형 곱다. 아름답다. 예쁘다.

均匀 jūnyún 형 고르다. 균일하다.

梵婀玲 fàn'ēlíng 명 바이올린

空隙 kòngxì 명 틈. 간격. 겨를. 짬.

丰姿 fēngzī 명 풍채. 풍모.

树梢 shùshāo 명 나무 가지의 끝. 나무 초리.

隐隐约约 yǐnyinyuēyuē 형 어렴풋하다. 은은하다. 분명하지 않다.

大意 dàyì 동 주의하지 않다. 소홀히 하다. 관심을 두지 않다.
명 대의. 대강의 뜻. 큰 뜻.

没精打彩 méijīngdǎcǎi 형 활기가 없다. 흥미가 일지 않다. 맥이 풀리다.

渴睡 kěshuì 동 졸다.

구문 분석 및 해설

1. 这几天心里颇不宁静

'颇'는 정도를 강조하는 부사이므로, '颇不宁静'은 '상당히 안정되지 못한' 상태, 즉 '별로 편안하지 않은' 상태이다.

2. 总该另有一番样子吧

总该(zǒnggāi)는 '반드시 ~~일 것이다' '어쨌든 간에 ~~일 것이다'라는 의미를 더해주는데, 어기사 '吧'와 호응하여, 확신에 가까운 추측을 표현하고 있다.

3. 月亮渐渐的升高了

'渐渐的'는 상어이며, 그렇다면 '渐渐地'로 표기하는 것이 옳은데, 작자가 이 글을 짓던 시기에는 구조조사를 명확하게 구분하면서 사용하지 않았기 때문에 '的'를 사용했을 것이다.

4. 已经听不见了

'已经听不见了'에서의 '了'는 새로운 상황을 나타내므로, '听不见'하는 상황이 이미 빚어진 것이니, '이미 들리지 않게 되었다'는 것이다.

她十六岁了。그녀는 열여섯 살이 되었다.

他们已经有两个孩子了。그들은 벌써 두 명의 아이를 가지게 되었다.

5. 妻在屋里拍着闰儿

'闰儿'는 작자의 아이의 이름이며, '拍'는 아이를 다독거리는 동작이다.

6. 迷迷糊糊地哼着眠歌

'迷迷糊糊'는 분명하지 않음을 형용하는 말이므로, 여기에서는 아내가 자장가를 나지막이 흥얼거리고 있음을 묘사하는 말이다.

7. 带上门出去

'带'는 잡아당기는 동작인데, 뒤에 쓰인 결과보어 '上'이 합해진다는 의미를 보충해주므로, 문을 끌어 당겨서 닫는 동작이다.

8. 沿着荷塘，是一条曲折的小煤屑路

'是'를 써서 존재를 표현하면, 말하는 사람이 존재하는 사물에 대해 잘 알고 있으면서, 그것을 설명하려고 하거나, 사물의 존재를 강조하는 어감을 갖게 된다. 그러므로 여기에서는, 연못을 따라 나있는 구불구불한 길을 작자가 늘 다녔으며, 그것과 친숙하다는 느낌을 준다.

9. 荷塘四面，长着许多树，蓊蓊郁郁的

위의 표현은 존현구(存现句)의 형태를 취하고 있다. 존현구는 '장소나 시간을 나타내는 말 + 동사 + 존재, 출현, 소실하는 사물'의 어순을 가지며, 사람이나 사물이 어떤 장소나 어떤 시간에 존재, 출현, 소실했다는 것을 설명한다. 존현구에서 존재, 출현, 소실하는 사물은 일반적으로 불특정한 것이며, 동사의 뒤에는 '着'나 '了'와 같은 성분들이 붙는 것이 상례이다.

　店里坐着很多人。

　西南天上起了乌云。

　书架上不见了两本书。

존재를 나타내는 존현구의 경우, 사람이나 사물이 존재하고 있는 모습이나 상태에 관심을 두는 표현이며, 동사는 '着'를 동반한다. 이 때의 동사는 '有'로 대체할 수 있지만, 존현구로 표현하는 것이 훨씬 생동감이 있으며, 문학작품에서 경치를 묘사할 때는 자주 존현구를 사용한다.
〈荷塘月色〉의 경우, '荷塘的四面, 远远近近, 高高低低都是树'와 같은 표현은 단순히 나무들이 존재한다는 사실만을 전달하고 있지만, 위 예문의 경우는 '蓊蓊郁郁的'라는 표현을 뒤에 두면서, 연못 사면의 분위기를 생동감 있게 전달하려는 표현이다.

10. 今晚却很好，虽然月光也还是淡淡的

'也'는 文言에서 문장의 종결을 표시하는 어기사로 주로 쓰였는데, 이것이 문장의 중간에 쓰이면, 그 부분에서 잠깐 숨을 고르는(休止하는) 어감을 준다. 현대어에서도 가끔 이러한 용례를 발견할 수 있는데, 흔히 주어의 뒤에 쓰여서 주어를 부각시키는 역할을 한다. 따라서 '月光也'는 '달빛은' 정도로 번역되어야 한다.

11. 这一片天地好像是我的

'一片'이 '한 조각'의 의미를 갖고 있으므로, 여기에서의 '这一片天地'는 화자가 현재 있는 곳의 주변을 가리킨다고 볼 수 있다.

12. 爱群居，也爱独处

'群居'는 다른 사람들과 어울리는 것, '独处'는 혼자 있는 것을 말한다.

13. 一个人在这苍茫的月下

여기에서의 '苍茫'은, 푸르스름한 달빛이 넓게 비치고 있는 상태를 묘사한 용어로 볼 수 있다.

14. 什么都可以想，什么都可以不想

'可以'가 '상황이나 조건상 허락됨'을 나타내는 조동사이므로, '무엇이든 생각해도 있고, 아무 것도 생각하지 않아도 되는 상황', 즉 화자가 현재 매우 유유자적한 심리 상태에 있음을 알 수 있다.

15. 我且受用这无边的荷香月色好了

여기에서의 '且'는 '잠시' 혹은 '잠깐'의 뜻이니, 화자가 '지금 이 순간만이라도 연꽃의 향기를 즐기겠다'는 마음 상태에 있음을 알려준다.

16. 曲曲折折的荷塘上面

형용사의 중첩은 의미를 강조하므로, 연못이 이리 구불 저리 구불, 운치 있는 형태인 것을 알 수 있다.

17. 叶子出水很高，像亭亭的舞女的裙

'亭亭'은 앞에 쓰인 '高'와 호응하면서, '舞女'를 수식하는 말로 쓰이고 있다. 수면 위로 높이 솟아 있는 연잎이, 몸매가 늘씬한 발레리나의 치마와 같다는 표현이다.

18. 零星地点缀着些白花

흰 연꽃이 드문드문 눈에 띄는 모습이다.

19. 有袅娜地开着的，有羞涩地打着朵儿的

'羞涩地打着朵儿'은 무더기로 피어 있는 꽃들에 대한 묘사로서, 수줍게 모여 있는 듯한 느낌을 가지게 하는 표현이다.

20. 微风过处，送来缕缕清香

‘微风过处’는 말 그대로 해석하면 ‘바람이 지나간 곳’이라는 뜻으로써 공간적인 개념인데, 위 문구에서는 ‘바람이 지나가더니’라는 시간적인 조건을 나타내는 의미로 읽힌다. 이것은 고전소설에서 흔히 보이는 수법인데, ‘시간적인 조건’의 표현에 ‘공간적인 용어’를 채용함으로써, 어떤 상황을 직접 보여주는 것 같은 분위기를 조성하고, 그리하여 생동감의 증대를 기하는 기법이다.

21. 彷佛远处高楼上渺茫的歌声似的

‘渺茫’이 아득히 멀어서 불분명함을 형용하는 말이니, ‘远处高楼上渺茫的歌声’은 ‘먼 곳 높다란 누각에서 들려오는 아스라한 노래 소리’이다. 향기가 은은하게 풍겨오는 것에 대한 비유이다.

22. 这时候叶子与花也有一丝的颤动

‘一丝’가 ‘한 가닥’ 혹은 ‘한 올’이니, ‘一丝的颤动’은 ‘순간의 흔들림’이다.

23. 叶子本是肩并肩密密地挨着，这便宛然有了一道凝碧的波痕

‘肩并肩’은 연잎이 무성함을 표현한 것이다. ‘本是~, 这便~’은 ‘원래는 ~하였는데, 이제는 ~한다’는 구문이다. 따라서 위의 문구는, 본디는 서로 어깨를 맞대고서 빽빽이 모여 있던 연잎들이, 바람이 불자 흡사 검푸른 색의 물결처럼 보인다는 표현이다.

24. 叶子底下是脉脉的流水，遮住了，不能见一些颜色，而叶子却更见风致了

연잎 아래에는 은근한 정감을 품은 물이 흐르고 있지만, 잎에 가려서 그 색깔을 볼 수 없는데, 바람이 불면 연잎이 물보다도 더 운치있는 물결을 만들어낸다는 표현이다.

25. 静静地泻在这一片叶子和花上

여기에서의 '一片'은 11번에서 설명한 것과 의미가 같다. 즉 달빛이 화자의 주변에 있는 잎과 꽃들 위에 쏟아지고 있는 것이다.

26. 叶子和花彷佛在牛乳中洗过一样，又像笼着轻纱的梦

우유 속에서 씻어내든, 엷게 속이 비치는 베를 씌우든 간에, 사물은 희부옇게 보일 것이다. 안개가 일자, 연못 속의 사물들이 그렇게 보이는 것이다.

27. 所以不能朗照，但我以为这恰是到了好处 —— 酣眠固不可少，小睡也别有风味的

구름에 가려 달빛이 환히 비출 수 없지만, 작자가 생각하기에는 그것이 딱 좋았다. 곤한 잠이 없어서는 안 되지만, 때로는 잠깐 동안의 선잠도 색다른 맛이 있는 것처럼.

28. 参差的斑驳的黑影，峭楞楞如鬼一般

'参差'는 관목들의 크기가 일정하지 않아 그림자의 윤곽이 들쭉날쭉한 것을, '斑

驳'은 나뭇잎 사이로 새어 나오는 달빛으로 인해 그림자의 여기저기에 얼룩얼룩 밝은 부분이 보이는 것을 묘사한 것이다. '峭楞楞'은 그림자의 모양새가 뾰죽뾰죽하고 앙상하다는 것을 형용한 말이다.

29. 弯弯的杨柳的稀疏的倩影，却又像是画在荷叶上

'稀疏的'는 버드나무의 그림자에 비어있는 곳이 많은 것을, '倩影'은 관목이 만드는 그림자와는 달리 버드나무의 그림자는 그 모양새가 예쁜 것을 묘사한 것이다. 그래서 버드나무의 그림자는 연잎에 그린 그림처럼 아름다운 것이다.

30. 这些树将一片荷塘重重围住，只在小路一旁，漏着几段空隙，像是特为月光留下的

'将'은 '把'와 같은 개사이다.
'一片荷塘'은 양사를 통해 연못이 그다지 넓지 않다는 점을 알려 준다.
'漏'는 '(물이) 새다. (비밀이) 누설되다. (필요한 것을) 누락하다'의 뜻이다. 그러므로 여기에서의 '漏着'는 나무들이 연못을 '重重围住'하였음에도 불구하고, 뜻하지 않게(실수로) 몇 개의 빈틈이 만들어졌다는 표현이다.
'段'은 가늘고 긴 모양의 물건을 토막냈을 때 그 일부분을 세는 양사로서, 시간이나 거리의 일정한 부분을 세거나, 문학작품 등의 어느 대목을 가리킬 때 쓰이기도 한다. 그러므로 '几段空隙'는 여기저기에 존재하며, 어느 정도의 크기를 가진 공간들로 느껴진다.

31. 树色一例是阴阴的，乍看像一团烟雾，但杨柳的丰姿，便在烟雾里也辨得出

'一例'는 '하나같이' '일률적으로'라는 의미의 상어이다. 앞에서도 작자는 버드나무의 그림자를 '倩影'으로 표현했는데, '杨柳的丰姿, 便在烟雾里也辨得出'에서의 '便'은 '虽然'의 의미로서, 버들의 풍성한 자태는 연무 속에 있더라도 구분할 수 있다는 것이다.

32. 树梢上隐隐约约的是一带远山，只有些大意罢了

부근의 산들이, 마치 나무 가지의 끝부분에 걸려 있는 것처럼, 그리고 어렴풋하게 눈에 들어오는데, 그러나 작자는 그것들에는 별 관심이 없다는 표현이다.

33. 树缝里也漏着一两点路灯光，没精打彩的，是渴睡人的眼

'树缝'은 나무들 사이의 틈바구니이다. '渴睡人的眼'은 가로등 불빛에 대한 묘사인데, 계사 '是'를 사용함으로써 은유(隐喻)를 구사했다.

34. 要数树上的蝉声与水里的蛙声

여기에서의 '数'는 동사로서, shǔ로 읽는다.

35. 但热闹是它们的，我什么也没有

매미나 개구리는 신이 나서 울어대지만, 작자 자신의 마음은 담담하게 안정된 상태에 있음을 나타내는 표현이다.

진행(进行)과 지속(持续)

1. 한어에서 동작이 진행 중이거나 어떤 상태가 지속되고 있음을 나타내는 표현에는 다음의 세 가지 방법이 있다.
   (1) 동사나 형용사의 앞에 副词인 '正'이나 '在' 혹은 '正在'를 놓는다.
   (2) 동사나 형용사의 뒤에 '着'를 놓는다.
   (3) 문구의 끝에 어기조사인 '呢'를 사용한다.
   동사나 형용사의 앞에 '正' '在' '正在' 등을 사용하면 동작의 진행에 초점을 두는 표현이 되며, 동사나 형용사의 뒤에 '着'를 사용하면 동작의 결과나 어떤 상태의 지속에 초점을 두고 있는 표현이 된다.

2. 부사 '正' '在' '正在'를 사용하는 경우
   (1) 동사나 형용사의 앞에 副词인 '正', '在', '正在' 등을 놓으면 동작이 진행중이거나 상태가 지속되고 있음을 나타낸다. 이 때 '正'을 사용하면 동작이 진행되는 시간에, '在'를 사용하면 동작이 진행되고 있는 상태에, '正在'를 사용하면 동작이 진행되는 시간과 상태 모두에 초점이 주어진다.
      我去的时候, 他正从楼上下来。
      问题正摆在我们面前。
      火车在飞奔。
      风在吼, 马在叫, 黄河在咆哮。
      我一直在等待你。
      同学们正在准备考试。
      小芳正在不高兴, 姐姐进来把她带走了。
   (2) 동사나 형용사의 앞에 부사 '正'을 사용하는 경우에는 否定句의 형태를 취하지 않는다. '在'나 '正在'를 사용하는 경우에는 '不

是'를 사용하여 부정구를 만들며, '不'나 '没(有)'는 사용하지 않는다.

他去的时候, 你正在发言吧? 我不是正在发言, 我已经发言过了.

3. 조사 '着'를 사용하는 경우

(1) 동사나 형용사의 뒤에 '着(zhe)'를 놓으면 동작의 진행을 나타낼 수 있다. (이 경우에는 동사나 형용사의 앞에 '正, 在, 正在' 등이 놓여도 의미의 변화가 없다.)

妈妈读着信, 脸上露出高兴的神色。

一场热烈的讨论正在进行着。

(2) 동사나 형용사의 뒤에 '着'를 놓으면, 동작의 결과나 어떤 상태가 지속되는 것을 나타낼 수 있다. (만약 동사나 형용사의 앞에 '正, 在, 正在' 등이 놓여지면 '동작의 진행'을 나타내는 것으로 의미가 바뀐다.)

门开着。문이 열려 있다.

* '他正开着门'은 '그가 현재 문을 열고 있는 동작을 행하는 중이다'라는 의미이다.

孩子们都穿着好看的新衣服。아이들은 다 예쁜 새 옷을 입고 있다.

* '孩子们正穿着新衣服'라고 하면 '아이들이 지금 새 옷을 입는 동작을 행하고 있다'라는 의미가 된다.

(3) 동사나 형용사의 뒤에 '着'만을 사용하여 동작의 결과나 상태가 지속되고 있음을 나타낼 경우에는 '没(有)'를 사용하여 부정구를 만든다.

窗户开着呢, 门没有开着。

墙上没挂着地图, 只挂着一个时钟。

收音机开着没有?

(4) '동사1 + 着 + 동사2'의 형식은 다음과 같은 의미 관계를 형성한다.

① 두 개의 동작이 동시에 진행되는데, '동사1'이 '동사2'의 방식을 나타낸다.

他骑着自行车出去了。

他说着看了我一眼。

孩子们笑着闹着跳进了游泳池。

我忙着准备出发。

这碗菜留着给爸爸。

② '동사1'의 동작이 진행되는 중에 '동사2'의 동작이 출현함을 나타낸다.

说着说着不觉到了门口了。

想着想着笑了起来。

4. 어기조사 '呢'를 사용하는 경우

(1) 문구의 끝에 어기조사 '呢'를 사용하면 동작의 진행이나 상태의 지속을 나타낼 수 있는데, 이러한 경우의 '呢'는 통상 '正, 在, 正在' 혹은 '着' 등과 호응되어 쓰인다.

他睡觉呢。

他正在房檐下站着呢。

外边下着雨呢。

5. 동작의 진행이나 상태의 지속을 나타내는 위의 세 가지 방법은 단독으로 쓰일 수도 있고, '呢'가 '正, 在, 正在' 혹은 '着'와 함께 쓰이는 것처럼, 셋 중 어느 둘이 겹쳐 쓰이거나, 혹은 세 가지 모두가 함께 쓰일 수도 있다.

他们正找你呢。

他正在跟一个朋友谈话呢。
外边下着雨呢，我们不要出去了。
王大夫正在给他看着病呢。

6. 진행이나 지속을 나타내는 형태는 과거나 미래에도 쓰일 수 있다.
昨天他来的时候，我正听着音乐呢。
明天晚上你去找他，他一定在看电视。

'着'의 독음과 의미

1. 'zháo'로 읽히는 경우
(1) 동사 : 접촉하다, 느끼다, (불이) 붙다
手上的烫伤一着水就疼。
着凉了。
心里着了慌。
别着急!
小心点，着了火可不是玩的。
(2) 결과보어 : '목표를 달성했다'는 의미를 보충
他已经睡着了。
刚才我找着了我的钱包。

2. 'zhe'로 읽히는 경우
(1) 동작이나 상태의 지속

(2) 명령이나 부탁

你听着。

慢着点儿, 别摔了。

(3) '하고 보니' '~하다 보니' 의 의미

这件衣服, 我穿着瘦一点儿。

3. 'zhuó'로 읽히는 경우 : (옷을) 입다, 접촉하다, (손을) 대다.

吃着不愁

不着边际

· 着想 : 你什么时候替我着想过?

· 着眼 : 不只是考虑眼前, 还要着眼於未来。

· 着手 : 大处着眼, 小处着手。

· 着实(정말로, 제대로) : 这孩子着实讨人喜欢。

着实批评了他一顿。

연습문제

1. 주어진 말을 이용하여 짧은 글을 지어 보시오.

① 颇

② 总该~ 吧

③ 已经 ~了

④ ~着(zhe)

⑤ 曲曲折折

⑥ 彷佛 ~似的

⑦ 辨得出

⑧ 没精打彩

偷车的原因

法官：你为什么要偷这辆车?

小偷：因为它放在坟墓旁边，我想主人肯定是死了!

有个人横穿马路，虽然他身上穿黑色的衣服，当时既没有路灯，也没有月亮，但司机却看到了他。请问，这是为什么?

① 因为行人视力非常好　　② 因为街上没有别人

③ 因为当时是白天　　④ 因为当时是黑天

제1과 중국인의 성명

중국에서는 사람들이 처음 만나면 항상 먼저 묻게 된다 : "성이 어떻게 되십니까?" "이름은 어떻게 부르십니까?" 중국인의 성과 이름은 어떤 특징이 있는가?

성은 모계 사회에서 생겨났다. 사람들은 혼인과 종족을 구별하기 위해 바로 성을 가족의 호칭으로 삼았던 것이다. '성(姓)'이란 글자는 '여(女)'와 '생(生)' 두 글자로 합성되어 있는데, 오래된 성은 '희(姬)'나 '강(姜)'과 같이 모두 '여(女)'를 부수로 하고 있다. 이것은 모계사회에서는, 사람들이 성을 어머니의 성으로 삼았음을 설명한다. 그 후, 생산력이 발전하여 남자들이 사회의 주요 노동력이 되어 부계사회가 되자, 부녀자들은 성을 칭하는 것으로부터 씨를 칭하게 되는 것으로 변했다. 만일 친정의 성이 이(李)고 시댁의 성이 왕(王)이면, 그녀는 곧 왕이씨(王李氏)라고 칭해졌다.

전통적인 습관에 따르면, 중국인들은 일반적으로 아버지의 성을 성으로 삼는데, 일부는 어머니의 성을 성으로 삼거나 혹은 어머니의 성을 이름으로 삼기도 한다. 가령 루쉰 선생은 그의 아버지는 성이 주(周)여서 이름이 주수인(周樹人)인데, 또한 어머니의 성을 따서 필명을 지어, 노신(魯迅)이라고 부른다.

중국에는 도대체 얼마나 많은 성이 있는가? 들리는 바에 의하면, 명나라 왕조 때 중국의 단성과 복성은 3천 7백여 개가 있었는데 그 뒤로 점점 적어졌다고 한다. 지금 흔히 보이는 단성은 5백 37개이고 복성 역시 단지 67개이다. 장・왕・이・조・유가 가장 흔히 보이는 성이고, 제갈・구양・단목・공손은 가장 흔히 보이는 복성이다.

중국인의 성명은 모두 성이 앞에 이름이 뒤에 있다. 이름은 종종 특정한 뜻이 담겨있어 특별한 희망을 표시하고 있다. 가령 부・귀・재・록 이런 단어는 돈 많이 벌기를 바라는 것이고, 강・건・송・수는 건강하게 장수를 바라는 것이고, 동・걸・준・재는 유용한 사람이 되길 바라는 것이다.

가정에서 같은 항렬인 사람의 이름은 종종 같은 글자를 취한다. 어떤 이는 어릴 적 이름과 커서 이름이 있는 것 이외에도 또한 자(字)나 호(号) 그리고 필명도 있다. 지금은 이런 제한을 깨버렸기에 사람들은 자유롭게 이름을 지을 수 있게 되어 이름은 그저 일종의 부호가 되었다.

이밖에도, 남자의 이름과 여자의 이름 역시 같지 않다. 남자는 웅장한 뉘앙스의 글자, 봉・량・동・생 같은 글자로 이름을 많이 짓고, 여자는 아름다운 뉘앙스의 글자, 진・금・화・분 같은 글자로 이름을 많이 짓는다. 쉽게 쓰고 쉽게 기억하기 위해 지금은 외자가 증가하고 있는데 이런 까닭에 중국에서는 이름이 중복되는 현상이 갈수록 많아지고 있다.

제2과 한가위

중추절은 중국의 비교적 큰 명절의 하나이다. 중추절은 음력 8월 15일로 마침 가을의 한 가운데이어서 중추절이라고 부른다.

고대 황제는 풍작을 기원하기 위하여, 늘 8월의 밤에 풍악을 연주하며 달에 제사를 지냈는데, 후에 점차 민간에서 달을 감상하는 풍속을 이루었다. 매년 중추절을 맞으면, 사람들은 정교하게 만든 떡으로 달의 신에게 제사를 모시었고, 제사를 모신 후 온 가족이 나누어 먹었는데, 가족이 한 자리에 즐거이 모였음을 나타내었다.

중추절에 월병(月餠)을 먹는 데는 이런 전설이 있다. 원나라 말기 농민들이 의거를 일으켰을 때, 사람들은 서로 월병을 주었는데, 월병 안에 글을 쓴 쪽지를 끼워 넣어, 8월 15일 이날을 한족을 위해 의거하는 날로 삼을 것을 약속하였다. 후에 민간에서도 중추절 때, 서로 월병을 주는 습관이 생겼는데, 이것은 월병이 둥글기 때문에 원만히 한 자리에 모였다는 뜻을 취한 것이다. 중추절에 월병을 먹는 습관은 일찍이 명대와 청대에 전국에 두루 퍼졌다. 만들어진 월병도 가면 갈수록 정교해졌고, 월병에 넣는 소도 갈수록 신경을 썼다. 오늘날의 월병은 더욱 가지각색이어서, 보기도 좋고 맛도 좋아, 각 지방에는 모두 자신의 특색이 있다.

광동의 월병은 늘 고기・설탕・기름・호두・건포도 등을 함께 버무려 소를 만들어서, 향기롭고 맛이 있어 전국에 명성을 떨쳤다.

속담에 이르기를 '달은 중추절이 되면 특별히 밝다'라고 하였다. 중추절 저녁은 달이 가장 둥글고 밝을 때이다. 온 가족이 밝고 맑은 달빛 아래 함께 앉아, 월병·포도·배·사과 등을 먹으면서, 달을 감상한다. 만약 가족이 이날 한 자리에 모일 수 없으면, 이날 밤 동시에 달을 바라보며 그리움의 감정을 나타낸다.

중국인의 마음속에 달은 아름다움의 상징이다. 대다수의 중국 사람은 달이 둥근 것을 좋아하는데, 이는 둥근 달이 가족이 함께함과 생활의 아름다움을 상징하기 때문이다. 그러나 어떤 이들은 달이 굽은 것을 좋아하는데, 그들은 달이 굽었을 때 비로소 달이 둥글어지는 희망이 있다고 말한다.

제3과 대련

공자는 춘추 시기의 대학자이다. 한 번은 그가 진과 채라는 지방에 갔었는데, 지니고 있던 마른 양식을 다 먹었다. 공자는 학생 자공을 곁으로 불러, 그로 하여금 범단이라고 불리는 사람에게 가서 양식을 빌리게 하였다.

범단은 그 곳의 거지 우두머리였다. 자공이 범단을 찾아서 온 뜻을 설명하였다. 범단이 말하기를, "듣자니 공자는 대학자라던데, 그가 한 구절에 '好·坏·多·少·喜·欢·恼' 일곱 자가 모두 들어간 말을 할 수만 있다면, 내 곧 양식을 당신에게 빌려 주겠소"라고 하였다.

공자가 들은 후 말하기를, "네가 가서 그에게 이렇게 말해라. 하늘과 땅 사이에 좋은 사람은 많고 나쁜 사람은 적으니, 빌려줄 때는 기뻐하고 돌려받을 때는 번민한다"라고 하였다. 범단이 듣고서 매우 만족하여서, 곧 필통 하나에 쌀을 담아 자공에게 주었다. 자공은 다시 더 요구하기가 쑥스러워, 돌아가 필통 안의 쌀을 전부 솥 안에 쏟아 넣었다. 예상치 못하게 큰 솥 하나 가득 밥이 지어져 먹어도 먹어도 다 먹을 수 없었다.

다시 며칠이 지났고, 공자는 떠나려 하였다. 범단은 사람을 파견해 한 장의 쪽지를 보내 왔는데, 거기에 쓰기를 "잘 빌렸으면 잘 갚아야 다시 빌리기 어렵지 않으리니, 내 필통의 쌀을 돌려주시오"라고 하였다. 공자는 급히 사람을 시켜 필통에 쌀을 담게 하였으나, 아무리 담아도 가득 차지 않았다. 자신의 명성을 위해, 공자는 할 수 없이 사람을 보내 범단에게 "지금 이후로는 무릇 문에 대련을 붙인 집은 모두 학문하는 사람의 집이며, 거지라면 다 찾아가 쌀을 달라고 할 수 있다"라고 알렸다.

그런 일이 있은 후, 공자는 다시 모든 독서인들에게 '매년 섣달 이십팔일이면 집집마다 대련을 붙이고, 거지가 밥을 구걸하면 힘껏 희사해야 한다'라고 알렸다. 차츰 대련을 붙이는 풍속이 세상에 전해 내려갔다.

제4과 우공이산

태행과 왕옥 두 큰 산은 둘레가 칠백 리이고 높이가 수만 자이다. 이 두 개의 산은 원래 익주의 남쪽과 하양의 북쪽에 있었다.

산의 북쪽에 한 노인이 거주하고 있었는데, 이름은 우공이라 하고, 나이는 구십에 가까웠다. 그의 집은 이 두 큰 산과 정면으로 마주하고 있었다. 그는 큰 산이 앞을 막아 외출할 때 빙 돌아 아주 많은 우회로를 가야만 하는 것이 고생스러워, 온 집안의 노소를 불러 모아 그들과 상의하여 말하기를 "내가 너희들과 모든 힘을 다 내어 이 두 큰 산을 옮겨서, 예남으로 통하고 한음에 곧바로 이르는 하나의 큰 길을 열려 한다. 너희들이 보기엔 어떠냐?"라고 하였다.

여러 사람이 듣고 모두 이구동성으로 찬성을 표하였는데, 오직 그의 아내만 마음에 약간의 회의가 들어, 의문을 제기하며 "당신의 이런 힘으로는 아마 저 괴부같은 조그만 흙산조차도 파서 평탄하게 할 수 없을 터인데, 태행·왕옥과 같은 두 큰 산을 어찌할 수 있겠소? 게다가 그 파낸 흙과 돌들을 어디에다 보내지요?"라고 말했다.

여러 사람이 이구동성으로 "발해의 끝에 버리고, 은토의 북쪽에 버리지요"라고 말했다.

그리하여 우공은 짐을 질 수 있는 아들 손자 세 명을 인솔하여, 돌을 파내고 흙을 퍼서, 삼태기로 발해의 끝으로 옮겼다. 이웃 집 경성씨의 과부에게 아들이 하나 있었는데, 막 젖니를 갈 나이가 되었다. 그들이 기운을 내 일하는 것을 보고는 그 또한 달려와 도왔다. 오직 추위와 더위의 계절이 바뀔 때에야 비로소 한 차례 돌아오게 되었다.

하곡 지방에 지수라고 불리는 한 총명한 늙은이가 있었는데, 온 가족이 고생스럽게 산을 깎는 것을 보고는 가소롭다고 여겼고, 곧 가서 우공에게 멈출 것을 권하며 "당신 정말 너무나 어리석군요! 이렇게 많은 나이에 힘 쓸 수 있는 날도 이미 많지 않았으니, 산위의 풀 몇 포기조차 뽑지 못하지 않을까 하는데, 그렇게 많은 흙과 돌덩이를 어떻게 옮길 수 있겠소!"라고 말했다.

북산의 우공은 길게 탄식하며 대답하여 "내 보건데 당신의 마음은 정말로 일깨워줄 수 없을 정도로 완고하니, 과부 집의 어린 아이보다도 못하구려! 내가 비록 죽는다 해도 또한 아들이 있고, 아들이 손자를 낳고, 손자가 또 아들을 낳고, 아들이 아들을 낳고, 아들이 또 손자를 낳아, 자자손손, 대대로 전해 내려가면, 영원히 단절되지 않을 것이요. 그러나 이 두 산은 오히려 더 이상 높아지지 않을 것이니, 어찌 평평하게 하지 못할 것을 걱정하겠소!"

하곡의 지수가 이 말을 듣고는 도리어 말문이 막히었다.

산신이 듣고는 그들이 끝없이 일을 해 내려 갈까 두려워, 급히 천제에게 가서 보고하였다. 천제가 우공의 결심에 감동하여, 대력신 과아씨의 두 아들을 파견해서 두 산을 등에 져다가, 하나는 삭방의 동쪽에 하나는 옹주의 남쪽에 놓게 하였다. 이후로 기주의 남쪽과 한수의 남쪽에는 산언덕의 막힘이 없었다.

제5과 중국의 경제구조 조정

국무원 국유자산 감독관리위원회 주임인 이영융(李榮融)은 13일 북경에서 말하기를, 국유자본의 투입과 철수, 합리적인 흐름 등의 체제를 완비하고, 나아가 국가안전과 국민경제 대동맥에 관계된 중요산업과 핵심영역에 국유자본이 더 많이 투입되도록 가일층 추진하여, 국유경제의 통제력을 증강시켜야 한다고 했다.

이영융은 이곳에서 개최된 전국 국유자산 감독관리업무 회의 석상에서 말하기를, 중앙정부가 확정한 국유경제의 배치와 구조의 조정방침정책을 전반적으로 이해하고 확실하게 숙지하며, 진입과 철수, 해야할 것과 하지 말아야할 것을 엄격히 지켜야 하며, 시장경제규율을 준수하는 전제 하에 출자인의 역할을 좀더 발휘하여 자산의 재구성과 구조조정을 통해 타산업과 분야의 기업들이 시장의 공평경쟁에서 자연도태하도록 만들어야 한다고 했다.

그는 말했다. 시장경제체제 기능을 발휘하지 못하거나 아직까지 그 기능이 미진한 산업과 영역에 대해서는, 국유경제가 적극적으로 그 기능을 발휘해서 경제와 사회 발전에 필요한 부분을 보장해 주어야 한다. 국유경제가 주도적 기능을 하는 방향과 핵심은 고정불변한 것이 아니고, 국유경제는 다른 산업 다른 지역에 있어서의 수량과 비중 역시 차별이 있을 수 있다. 국유경제가 국민경제 속에서 주도적 기능을 발휘하려면, 단지 중앙기업에만 의지해서는 안 되고, 각지의 국유자산 감독관리위원회가 감독관할하는 국유핵심기업들도 중추적인 작용을 발휘해야 한다.

통계자료가 보여주기를, 1998년에서 2003년까지 국유 및 국유대주주기업은 23.8만개에서 15만개로 줄어 40%가 감소했다. 이 기업들이 실현한 이윤은 213.7억원 인민폐에서 4951.2억원으로 높아져 22.2배가 증가했다. 국유기업 자산총액은 14.9조원에서 19.7조원으로 증가해, 순자산이 5.21조원에서 8.36조원으로 증가했다.

이영융은 말하길, 전반적으로 볼 때 중국의 국유경제 분포는 여전히 다소 방만하고 형태가 그다지 합리적이지 못하다. 좀더 국유기업을 향상시키고 국유경제가 국민경제 속에서 주도적 기능을 보다 더 발휘하려면 반드시 국유경제의 배치와 구조의 조정을 서둘러 추진해야만 한다. 전략적인 면에서 국유경제의 배치와 구조를 조정하는데, 그 목적은 국유경제의 전반적인 체질을 향상시키고 국유경제의 활력과 경쟁력을 증강시키는 데 있다. 국자위는 국무원의 권한위임에 근거하여 법률에 따라 출자인의 직책을 행사하며, 178개 국유대형기업을 직접 관리하고 감독한다.

제6과 북경의 문화유산

북경은 천년고도라는 점으로써 세계에 이름이 알려졌으며, 풍부한 관광자원을 갖추고 있다. 북경에서 우리는 온대 기후 하의 자연경관을 감상하고, 중국 각지의 맛있는 음식을 맛보며, 중국의 전통 깊은 예술문화를 체험할 수 있을 뿐만 아니라, 또한 수많은 명승고적을 유람할 수 있다. 그 밖에, 북경에서 생산되는 상아조각, 옥 조각, 경태람, 융단 등의 전통 수공예품 역시 세계적으로 유명하다.

북경 시내 중심점에 있는 자금성은 명, 청 두 왕조 24대 제왕의 궁전이다. 고대에는 자미원을 제왕의 궁전에 비유하였고, 진한 시기에는 황제의 거처하는 곳을 '금중'이라고 부르기도 했는데, 의미는 출입을 통제해서 마음대로 들어갈 수 없다는 것이었는데, 그래서 예전에는 궁성을 자금성이라고 불렀다. 자금성은 세계에서 가장 크며 가장 완전무결한 고건축군으로서, 많은 희귀 문물을 보유하고 있으니, 중국 고대 건축과 예술의 정수라고 할 수 있다. 자금성의 정문은 천안문 성루인데, 건물 전체가 황제의 권력은 지극히 존엄하다는 위엄을 표현해냈다. 천안문 광장은 동시에 백만 명을 수용할 수 있으며, 지금도 여전히 중국의 중요한 경축행사가 거행되는 장소이다. 천안문 광장의 매일 일출 시각의 국기 계양 의식은 이미 북경의 커다란 구경거리가 되었다.

자금성의 서북쪽에 위치한 북해는, 산수가 수려하고 풍경이 그림 같은 유서 깊은 정원이다. 그것은 천년 가까운 역사를 가지고 있으며, 중국 황실 정원 가운데 찬란한 보배이다. 북해는 경도를 중심으로 하고,

경도는 다시 백탑을 주된 볼거리로 삼는다. 경도의 동쪽 서쪽 북쪽 산기슭의 경관은 더욱 독특한데, 호수 속의 오룡정은 마치 날아오를 듯해서, 북해에서 또 하나의 독특한 경치를 이룬다. 이밖에, 북쪽의 호수가에 있는 '구룡벽'은 그 기세가 웅대하며, 중국에 세개 밖에 없는 구룡벽의 하나이다.

세계의 기적인 만리장성이 북경 지역에서 수백 리를 이어지는데, 그것은 우주에서 유일하게 목격할 수 있는 인류의 건축물이다. 장성은 중국의 11개 성, 도시, 자치구에 걸쳐 길게 뻗쳐져 있는데, 서쪽으로는 가욕관에서 시작하여, 동쪽으로는 압록강까지 이르며, 전체 길이는 대략 만이천육백리이다. 그것은 웅장한 군사적 공사일 뿐만 아니라, 비범하고 위대한 유서 깊은 건축물의 하나이다. 장성은 춘추전국시기에 처음 건설되었는데, 여러 제후국들은 상호 방어하고 유목민족의 침략을 막아내기 위하여, 지형이 험요한 곳에 잇달아 장성을 건립하였다. 진시황은 중국을 통일한 뒤, 이전의 장성을 연결시켰다. 자연과 인위적인 요소의 훼손을 겪음으로써, 오늘날까지 보존되어 있는 것은 대부분 단속적인 유적이다. 이 유적들 가운데 보존이 가장 완벽하고 가장 견고하며 가장 웅장한 것은 명대의 장성이다. 연경현 경내에 있는 팔달령 장성이 바로 명대 장성의 정수이다. 그것은 장성 가운데 보존이 가장 양호한 부분인데, 또한 가장 대표성을 띤 부분이기도 하다. "만리장성에 가지 않으면 대장부가 아니다." 팔달령 장성에 오르면, 높고 낮은 산들이 연이어져 있는 북방의 산세가 한눈에 들어온다. 장성은 산세 때문에 웅대하고, 산세는 장성 때문에 더욱 험준하다.

제7과 중국인은 왜 개를 미워하고 욕하는가?

예로부터 지금까지 몽고 초원에서 개는 인간의 전우이자 가깝고도 의리 있는 친구이다. 초원 사람들이 생활하는 데 의존하는 것은 두 가지 주된 생업인데, 그것은 수렵과 유목이다. 초원 사람들이 사냥할 때도 개에게 의존하고 양을 지키는데도 개에게 의존하므로, 개는 중원지역 농민들의 일소보다도 더 중요한 생산도구이자 가축 호위병이다. 게다가 개는 소보다 사람의 마음을 잘 이해하는 편이므로, 초원 생활의 적적함을 달래는데 없어서는 안 될 감정적 지주이자 정신적인 동반자이다. 몽고의 초원은 드넓고 사람은 적은데다가 자연환경 또한 열악한데, 개는 이러한 환경 속에서 사람의 목숨을 구하는 놀라운 능력마저도 발휘한다. 한 가지 예를 들어보자. 몽고의 남자들은 대부분 지독히도 술을 즐기는데, 만취했는데도 말을 타고 귀가하다가 낙마해 눈밭에서 그냥 얼어 죽는 일이 종종 있다. 그런데 그 와중에서도 간혹 죽지 않고 살아나는 사람들이 있다. 그들이 누구인가? 바로 개를 데리고 간 사람들이다. 주인이 일단 어떤 사고를 당하면 개는 미친듯 집으로 달려가 부인의 모피 옷자락을 물고 짖어대어 눈밭에서 얼어 죽을 뻔한 가장을 구해내 무사히 귀가하게 한다. 이러한 관계로 몽고의 초원에서는 개를 잡고, 개고기를 먹고, 심지어 개가죽을 벗겨 요를 만들어서는 그 위에서 잠을 자는 행위 모두가 배은망덕하고도 용서받을 수 없는 죄악으로 간주된다.

예로부터 중원의 드넓은 대지 위에서 살았던 중국인들은 유목업도 하지 않았고, 사냥꾼도 몇 되지 않았다. 먹을 만한 것은 모조리 잡고, 먹어치웠으므로 중국인들은 개의 좋은 점 따위는 전혀 모르고 살아왔다. 인구도 많았으니 적적할 겨를이 있었겠나? 개를 벗해 외로움을 달랠 필요도 전혀 없었던 것이다. 중국에는 개에 빗대 욕을 하는 표현들이 수십 가지 있다. 이리의 심장에 개의 폐(흉악하고 잔인한 마음 혹은 사람), 개나 돼지만도 못한 놈, 개방귀처럼 조리 없는 엉터리, 개자식, 개가 사람 믿고 설치다(권세를 믿고 남을 괴롭히다), 개도 급하면 담장을 넘는다, 닭과 개마저도 하늘르 올라간다(주인이 잘 되면 하인들마저 권세를 부린다), 개무시하다(남을 함부로 업신여기다), 주구(走狗), 물에 빠진 개를 두들겨 패다, 개가 가마에 타면 가마 드는 수고를 모른다, 개 주둥아리에서 상아가 나올 턱이 없다(하찮은 인간은 품위 있는 말을 못한다), 개가 쥐를 왜 잡나?, 쓸데없이 참견하기는, 고기 만두로 개를 때렸으니 돌아올 턱이 없지……, 심지어 문화대혁명 시기에는 개에 빗댄 정치구호도 등장했었으니, 전국적으로 유소기의 개대가리를 때려 부수고", "개 같은 유소기를 타도하고"가 있었는데, 서양 사람들은 중국인들이 왜 늘 개에 빗대 이런 말을 하는지 이해할 수 없을 것이다.

중국인들은 왜 이렇게 개를 미워하고 욕하는가? 중요한 원인은 개가 중국인의 규율에 그다지 맞지 않는다는 데 있다. 당신은 고대 중국의 성인 공자를 아는가? 그는 중국인을 위하여 인간의 도리를 많이 규정하였는데, 수천 년 동안 중국인들은 거기에 맞춰서 살아왔다. 만일 누군가가 그 규율을 어기면 그에게는 바로 야만인이라는 낙인이 찍혔다. 그런데 개의 습성은 공교롭게도 공자께서 규정한 규율에 맞지 않는다. 예를 들어 보자면, 공자께서는 사람은 예의가 있어야 하고, 손님을 잘 접대해야 한다고 가르치셨다. 그런데 이 개라는 놈은 낯선 사람만 보면 가난뱅이건 부자건 늙은이건 아이건, 심지어 친구를 비롯해 먼 곳에서 왕림하신 귀한 손님에게 마저도 마구 달려들어 미친듯 짖어댄다. 이러니 예의를 중시하는 중국인들에게는 실례도 이만저만한 실례가 아니고, 체면 구기고 은근히 부아마저도 치미는 일이었던 것이다. 또한 공자께서는 남녀가 분별없이 놀거나 패륜을 저지르거나 제멋대로 관계를 해서는 안 된다고 가르쳤고, 옛부터 중국에서는 이를 어기면 엄한 처벌을 받아왔다. 그런데 또 이 개란 놈은 형제자매끼리건 부녀 사이건 모자 사이건 마구 붙어먹으니, 중국인들은 두려웠고, 증오스러웠고, 사람들이 그 못된 습성을 배울까 무서웠던 것이다. 또한 공자께서는 사람은 깨끗하게 입고 깨끗하게 먹어야 한다고 하셨다. 그런데 개는 사람의 똥을 즐겨 먹으니 정말 사람들이 너무도 밉고 혐오하게 만들었다.

한 가지 더, 옛부터 중국에서 가난한 이 중에 개를 기르는 자는 거의 없었다. 자기 먹을 것도 부족한데 무엇으로 개를 먹이겠는가? 반면 부자들은 개를 길러 집을 보게 했을뿐더러, 종종 개를 풀어 가난뱅이들을 물게 했으니, 대다수 가난뱅이들이 어찌 개를 미워하지 않을 수 있으랴. 그러므로 중국인들이 개에 빗대 욕을 하고, 개를 잡고, 개고기를 먹는 것은 조금도 이상할 것이 없는 일인 것이다. 게다가 개고기를 먹어본 사람마다 그 맛이 일품이라 하는 마당이니, 중국인들은 돼지도 잡아먹고 양도 잡아먹는데 개라고 못 잡아먹을 이유가 어디 있냐는 말을 한다. 그것들 모두 인간이 기르는 가축아니더냐 하는 말이다. 중국인들이 개를 미워하고, 개를 잡고, 개고기를 먹는 가장 근본적인 원인은 그들이 유목민족이 아니고 농경민족이라는데 있는 것이다. 과거 한국의 문화도 중국의 문화와 많은 면에서 흡사했다. 이러하니 한국인들도 개에 빗대 욕을 하고 개고기를 먹는 것이 어떻게 보면 지극히 당연한 일이다.

제8과 호금도 시대

호금도는 2002년 가을 중국공산당 중앙의 총서기를 계승했고, 다음해 봄에 전국인민대표대회에서 국가주석으로 당선되었으며, 다시 이번 중앙위원회 전체회의에서 군사위원회 주석으로 뽑혔다. 이상 3막의 연출로 볼 수 있듯이 중국 최고 권력의 이양 방식은 비록 다른 국가들과 다르지만, 순서있게 점진적으로 이루어진 것이다. 1949년 중국이 정권을 수립한 이래, 이번이 가장 질서정연한 경우였고, 나아가 중국이 점차 봉건과 권력집중방식을 탈피하는 획기적인 사건의 하나였다.

비록 그렇다하더라도, 권력이양과 관련된 사전 내정이 투명하지 못하기 때문에, 제16차 1기 중앙위원회 전체회의 이래로 국제사회는 중국고위층의 정치운영에 대해 줄곧 의구심을 가졌으니, 강택민과 호금도 간의 상호 관계에 각종 억측이 있었던 것도 그중 하나다. 비록 그 중 많은 추리들은 이미 증거부족으로 판명되었지만, 그러나 중국 정국의 향방에 대해 일반인들이 안정감을 갖지 못하게 만들기 쉽다. 그러므로 호금도부터는 앞으로의 권력이양이 더욱 투명하고 예견될 수 있기를 바랄 뿐이다.

호금도가 집정한지 이미 2년이 되었고 그의 정치이념과 능력 그리고 행동양식은 중국 및 국제사회에서 광범위한 호평을 얻고 있다. 작년 사스 위기 기간에, 취임 후 얼마 안된 호금도는 과감하고 효율적이며 충실한 지도자 자질을 충분히 보여주었고 전 세계가 괄목하도록 했다.

그러나 중국 내외형세의 변화에 따라 호금도의 어깨어 얹힌 부담은 장차 갈수록 무거워질 것이다. 새로운 임기의 지도자 그룹은 경제의 고속성장을 유지해야할 뿐만 아니라, 또한 빈부격차와 사회분열의 심화를 방지해야 한다. 중국의 현재 부패현상은 집권 정당의 합법적 지위에 갈수록 큰 위협이 되고 있다. 호금도가 제창한 '당을 일으켜 공공을 위하고, 정치를 맡아 국민을 위한다'는 이념이 당내로부터 오는 각종 도전을 이겨낼 수 있는지 여부가 중국미래의 발전과 밀접할뿐더러, 또한 호금도 시대의 실질적인 의미와도 직접 연관된다.

강택민 집정 초기와 비교해서 중국 미래의 정치일정 상 대만문제의 긴박성은 더욱 돌출될 것이다. 북경의 대만문제에 대한 입장과 태도는 일관되어서, 비록 처리방법이 때로는 변화할 수 있겠지만, 외부세계는 호금도 시대에 어떤 근본적인 차이가 있을 것이라는 기대는 하지 말아야 한다.

날로 개방하는 중국은, 일찌감치 자신을 외부세계에 융화시켰다. 호금도 시대에 중국이 국제문제에 참여하는 자세는, 앞으로도 계속 적극적이고 건설적일 것이다. 쌍방교류 중에서, 북경의 새로운 지도자층은 장차 주변 국가를 포함한 모든 국가들과의 관계를 개선하는 데 노력할 것이지만, 중미관계는 여전히 호금도 시대에 가장 중시되고 도전적이며 또 지도자 능력을 가장 잘 시험할 수 있는 외교과제가 될 것이다.

제9과 양대 고도의 역사

북경은 중화인민공화국의 수도로서, 세계적으로 유명한 역사고도이다. 여러 대에 걸쳐 제국의 수도였던 북경은, 중국 역사와 현상의 축소판이다. 북경은, 가장 먼저 문헌에 보이는 명칭이 '계'였다. 일찍이 삼천년 전의 주 왕조 때, 춘추 중엽에, 연나라는 계성으로 수도를 옮겼다. 그 때부터 시작하여 곧장 기원전 226년에 연나라가 강대한 진나라에 의해 멸망될 때에 이르기까지, 계성은 줄곧 연나라의 도성이었다. 고고학자의 고증에 의하면, 당시의 계성이 바로 현재 북경 시역의 서남부에 있었다고 한다. 서기 938년에 계성은 요나라의 제2수도가 되었다. 요나라는 중국 동북지역의 소수민족인 거란족이 세운 국가이다. 계는 그것이 관할하는 영역의 남부에 위치했기 때문에, 남경으로 바꿔 불렀으며, 연경이라고도 칭했다. 한 세기 남짓 뒤에, 다른 소수민족인 여진족이 세운 금나라가 요나라를 멸망시켰으며, 또한 1153년에 연경으로 천도했고, 중도로 명칭을 바꾸었다. 1214년에 금나라는 새로이 흥성한 몽고족의 공격을 받았기 때문에, 강제로 변경으로 천도했는데, 다음 해에 몽고의 정예 기병이 중도를 점령했다. 1267년에 쿠빌라이가 명령을 내려 중도성의 동북교외에 새로운 도시를 건설했다. 4년 후, 이 통치자는 건설 중인 도성에서 황제의 보위에 올랐고, 중국 역사상의 원나라를 세웠다. 1276년에 새로운 도시가 모두 완성되었는데, 이것이 바로 이탈리아의 여행가인 마르코 폴로가 여행기에서 '세계에 그것과 견줄 만한 것이 없다'라고 칭한 원나라의 대도이다. 이때부터 대도는 장안, 낙양, 변량 등과 같은 유서 깊은 도시의 지위를 차지하였으며, 중국의 정치 중심이 되었다. 1368년에, 원나라가 멸망했고, 명군이 대도를 점령하였는데, 이름을 북평부로 바꿨다. 1403년에, 명나라 태조의 넷째 아들이 제위를 탈취하였고, 북평을 북경으로 고쳤다. 1421년에 정식으로 북경으로 천도했다. 1911년 10월 10일, 중국에 공화제 혁명이 폭발하였고, 그 이듬해 2월에 청나라의 황제가 퇴위를 발표하였다. 이렇게 되자, 북경이 제국의 도읍이었던 역사는 종결되었다.

최근 몇 십년 동안, 북경은 많은 현대적 발전이 있었다. 특히 최근 몇 년 동안은, 교외에는 수많은 대규모 공장이 세워졌고, 시내에는 수많은 고층빌딩과 입체교차교 등의 현대적 건축물이 건설되었다. 체육관, 무도장, 골프장 및 각양각색의 오락시설도 날이 갈수록 많아진다. 북경이라는, 이 오래된 도시는 이미 현대화되고 세계화된 새로운 도시가 되었다. 북경은 이미 2008년 올림픽의 개최권을 획득하였으며, '녹색 올림픽, 과학 올림픽, 문화 올림픽'의 슬로건은, 장차 북경에게 나날이 새로워지는 변화를 틀림없이 가져올 것이다.

서안은, 고대에는 장안이라고 불렀으며, 관중 평원의 중부에 위치하고 있다. 이 곳은 산을 뒤로 하고 물을 앞에 두고 있으며, 토지가 비옥하고, 물산이 풍부하다. 자연조건이 우월했기 때문에, 상고 시대에 벌써 중국인의 조상이 일하고 생활한 곳이 되었다. 게다가 관중은 지세가 험요했기 때문에, 주나라 진나라부터 수나라 당나라에 이르기까지, 12개에 달하는 왕조가 선후하여 여기에 수도를 세웠으며, 1200여 년의 기간 동안 계속되었다. 서안의 도시 건설사는 이미 3,100여 년에 달하니, 서안은 그야말로 한 부의 살아있는 역사책과 같아서, 막마다 페이지마다 중국 민족의 거대한 변화가 기록되어 있다.

일찍이 2천여 년 전에, 진시황이 여기에 중국 건축사상의 걸작인 아방궁을 조성하였다. 한나라 당나라 시기에는, 서안이 바로 중국의 정치 경제 문화와 대외 교류의 중심이었으며, 국제적인 대도시였다. 서한 시기에는, 옛 장안을 기점으로 하는 '비단길'이 동서양의 경제와 문화 교류를 소통시켰으니, 성당 시기의 장안은, 서아시아 남아시아 그리고 서구 등 지역과의 무역통로가 이미 사방으로 통해서, 세계 무역의 중심이 되었다. 당대 이후, 서안은 천년 도읍의 지위를 끝맺었지만, 여전히 중국 서북 지역의 중요한 거점이다. 서안은 중국 역사 발전의 각 단계를 거쳤고, 대단히 풍부한 문화사적을 보존했다. 지금에 있어서는, 서안은 아테네, 카이로, 로마와 이름을 나란히 하면서, 함께 세계 4대 문명 고도로 찬양된다. 거기에 가까이 가면, 당신은 역사 유물의 완전무결함과 방대함에 의해 크게 감동될 것이다.

제10과 마이크로소프트의 야심

5월11일 인터넷이 다시 중대 뉴스 한 건을 터뜨렸다. 마이크로소프트의 인터넷사업부인 MSN이 금일 정식으로 선포하기를, 상해의 연화투자유한공사와 공동으로 합자회사를 설립해서 MSN을 정식으로 중국에 들여오겠다고 했다. 새로 설립될 합자회사는 '상해미사은망락통신기술유한공사'로 명명하고 쌍방이 각각 50%의 지분을 점한다. 당 회사는 지금 이미 관련 정부부문의 비준을 얻었고, 머지않아 MSN 허브와 기타 인터넷상품 및 서비스를 출시할 것이다.

이와 동시에 MS는 밝히기를, 중국의 저명한 모바일소프트웨어와 서비스제공 기업인 심천시 청화심신과기발전유한공사와 전략적인 독점 합작계약을 맺었고, 또한 계획상으로는 그들의 일부 자산을 매입한 후, 심천청화심신과 MSN 모바일 부문의 인원과 기술 그리고 서비스를 연합하여 심천에 모바일기술 연구개발센터를 설립할 예정이다. MSN은 이 센터의 도움 하에 거대한 중국 고객층에게 역동적인 모바일 정보와 통신 그리고 다중매체 서비스를 신속하게 제공할 수 있기를 희망하고 있다. 관련부문의 통계에 의하면, 중국은 현재 3억4천만 명의 모바일 고객이 있어 이미 세계 최대의 통신시장이 되었다.

현재 중국은 전 세계 최대의 인터넷시장 중의 하나로서 갈수록 많은 직업인들이 인터넷에 의지해서 정보를 얻는다. 중국의 인터넷정보센터가 발표한 보고서가 보여주기를, 2004년 12월 31일까지 중국대륙 내 인터넷 사용자는 총 9,400만명으로서 작년 동기 대비 8.0%가 성장했다고 한다.

중국대륙에서는 이미 많은 고객들이 중국어판 MSN 메신저라는 실시간 통신서비스와 Hotmail 전자우편 서비스를 사용하고 있다. 관련 데이터통계에 의하면, MSN은 매월 전 세계에서 4억 명의 고객 방문을 끌어들이는데 그중 중국의 입장 고객만도 이미 710만에 달한다. 의심의 여지없이 중국은 MSN의 가장 중요한 신흥시장 중의 하나이다. MS의 MSN 및 MS의 개인 서비스 부문 고위부사장인 데이빗 코울은 피력하기를, 중국의 인터넷과 모바일 설비의 사용은 쾌속으로 성장하고 있고, 이곳 사람들은 활력과 진취성 그리고 지혜가 넘친다. MSN 중국합자회사의 설립은 필히 우리의 장기 전략에서 하나의 이정표가 될 것이다. 이와 동시에, 청화심신의 전문성과 MS 레이드몽 연구개발인원들의 창조적인 업무가 융합되면, 장차 MS의 창조력이 한층 강화되어 중국 및 나아가 전 세계 고객들에게 최첨단의 모바일 서비스를 개발하여 제공할 것이다.

이외에도 MS국제부사장이며 전 중국 지역 수석집행관인 진영정 역시 밝히기를, MS와 상해련화투자가 합자회사를 설립하고 또 청화심신과 전략적 협력을 이룬 것은 MS가 중국시장에 대해 고도로 중시하고 있음을 보여주며, 우리는 중국고객의 요구와 흥미에 맞춰 MSN 서비스를 제공할 뿐만 아니라 우리의 장기적인 약속의 일환으로서 계속 적극적으로 본토 기업들과 긴밀히 협력할 것이며 공동으로 중국의 첨단과학기술 산업발전을 추진시킬 것이라고 했다.

제11과 중국인의 영생관

인생 문제 중에 가장 큰 문제는 여전히 죽음의 문제이다. 죽음의 문제는 인생론으로부터 우주론으로 넘어가는데, 이것은 이미 인간의 문제가 아니라 하늘의 문제이다. 삶과 죽음의 경계는 곧 우주론과 인생론의 경계이다. 사람들마다 죽음이 있기를 원치 않는다. 사람들마다 모두 불후하거나 영생하고 싶어 해서, 이 죽음의 관문을 도피하려고 한다. 이것은 세계 인류 사상사에서 가장 오래되고 가장 먼저 공통적으로 만나게 되며 공통적으로 방법을 생각하여 해결하려는 문제이다. 춘추시대의 숙손표는 이 문제에 대해 일찍이 극히 유명하고 귀중한 삼불후(三不朽) 이론을 발표했는데, 현재까지도 여전히 중국인의 전통적인 신앙이 되었다.

기원전 549년, 노나라의 숙손표는 진나라를 방문했는데, 진나라 범선자가 그에게 어떻게 해야 불후인지 물었다. 숙손표가 대답하지 않자 범선자가 말했다. 우리 범씨 가문의 오랜 조상은 순임금 하왕조 상왕조 주왕조 4개 왕조를 거치며 이 시각까지 줄곧 이어져 존귀한 직위가 끊어지지 않았는데 불후라고 간주할 수 있을까요 없을까요? 숙손표가 말했다. 그것은 가족이 대대로 받은 봉록이지 인생의 불후가 아니다. 숙손표는 이어서 말했다. "제가 듣건대, 최고로는 훌륭한 인격자가 되는 데 있고, 그 다음으로는 훌륭한 업적을 이룩하는 데 있으며, 그 다음으로는 훌륭한 저술을 남기는 데 있다고 했습니다. 이 세 가지는 세월이 아무리 오래 흘러도 계속 되므로, 이것을 일컬어 불후라고 하지요."

이 한 토막의 대화는, 그 당시의 중국인이 태어나기 이전과 죽은 이후에 영혼이 존재한다고 믿지 않았음을 우리에게 알려주고 있다. 그러므로 그들은 영생을 상상하며 진작부터 영혼 불멸의 관점에서 계획하지 않았다. 범선자는 집안 대대로 봉록이 그치지 않음을 불후로 여겼지만, 숙손표는 사회 대중 속에서 훌륭한 인격 훌륭한 공적, 훌륭한 저술을 이룩'하는 것을 불후'로 여겼다. 단지 이 삶의 범위 내에서 불후할 수가 있지, 이 삶의 범위를 떠나 또 다른 세계에서 불후를 얻을 수는 없다는 뜻이다.

서양의 종교 관념에 따르면, 사람들은 하나님의 마음속에 살아야만 한다. 중국 사상에 따르면, 숙손표가 계시한 바와 같이, 사람들은 다른 사람들의 마음속에 살아야만 한다. 훌륭한 인격을 이루고, 훌륭한 공적을 세우고, 훌륭한 책을 저술하면, 곧 그 사람은 후세 다른 사람들의 마음속에 영원히 보존되고 나타나므로, 이것이 바로 그 사람의 부활이며, 곧 그 사람의 불후(영생)인 것이다. 그러므로 중국인의 사상에는 단지 하나의 세계, 즉 현실 세계가 있을 뿐이지, 결코 두 개의 세계, 서양 사람들이 상상하는 바와 같이, 종교 속의 하나님과 천당이 있거나, 철학의 형이상학에 정신적인 세계나 혹은 추상적인 가치 세계가 존재하지 않는다. 우리는 중국의 옛 사람들이 전해준 이러한 관점을 파악해야만 비로소 중국 사상사의 특수한 발전 및 특수한 성과를 이해할 수 있다.

숙손표가 이 말을 했는데, 마침 공자가 세 살배기 유아기였을 때이니, 이 말은 공자 사상에 틀림없이 큰 영향이 있었을 것이다. 《논어》 속 공자 학파 사제지간의 대화를 보도록 하자. 계로가 귀신을 섬기는 문제로 여쭈니, 공자가 말했다. '사람을 모시지 못하면서 어떻게 귀신을 모실 수 있겠느냐.' (계로가) 여쭈었다. '감히 죽음에 대해 여쭙습니다.' 공자가 말했다. '삶도 모르면서 어떻게 죽음을 알겠느냐.'

세계상의 모든 종교는 다 죽음의 문제에 근거하여 삶의 문제를 해결하려고 하였는데, 공자는 삶의 문제를 깨달아야 비로소 죽음의 문제를 답변할 수 있다고 인식했다. 세계의 모든 종교는 귀신을 모시는 일을 사람 모시는 일 위로 높이 들어올렸으나, 공자는 먼저 사람을 모실 줄 알아야만 비로소 귀신을 모시는 일을 언급할 수 있다고 생각했다. 이러한 태도는 공자로 하여금 교주가 될 수 없게 만들었으며, 또한 중국 사상사의 미래가 영원히 종교의 길을 걸을 수 없게 만들었다.

제12과 한·중·일 삼국의 무역

중국 박오(博鳌)의 아시아세미나 2005년 회의에 참석한 전문학자들은 보편적으로 여기기를, 동북아의 높은 무역의존도는 한국·중국·일본이 지역경제발전에서 부단히 상생을 모색하고 있다고 했다. 한중일 삼국의 2004년 국내총생산액의 합은 7조 달러를 초과해서 세계경제총량의 5분의 1을 점하고 있다. 작년 한중일의 대외무역총액은 2조 달러를 넘었고 그중 58%는 삼국간의 지역내 무역에서 이루어져, 북미자유무역지구의 55%보다는 높고, 유럽연합의 65.5%에는 못 미친다.

일본내각총리대신보좌관인 천구순자(가와구찌준코)는 24일 박오에서 '아시아 신 주역의 핵심, 동북아'라는 주제 발언에서 말하기를, 상호 의존하는 지역성 무역 연결고리가 동북아지역에서 점차 형성되고 있다고 했다. 통계에 의하면 2004년 일본의 대중국무역총액은 2,132억 8천만 달러에 달해 일본대외무역총액의 5분의 1 이상을 점한다. 중국은 이미 미국을 제치고 일본의 최대 무역상대가 되었고 일본 역시 유럽연합과 미국의 뒤를 이어 중국의 제3 무역상대국이 되었다. 천구순자는 말하기를, 한국과 일본의 관리능력과 그리고 중국의 거대시장과 성장 잠재력을 결합시킨다면 아시아에 성장을 가져올 수 있을 뿐만 아니라 세계경제의 부단한 발전도 촉진할 수 있을 것이라고 했다.

중국개혁개방토론회 이사장인 정필견은 24일의 강연에서 동북아 지역협력의 전개라는 견해에 역시 동조하였다. 그는 주장하기를, 과거 몇 년 동안 동아시아의 10+3 협력진도는 신속히 발전하여 동남아국가연합(Association of Southeast Asian Nations — ASEAN, 중국명: 东南亚国家联盟) 10개국과 한중일 삼국은 무역, 교육 등의 영역에서 광범위한 협력을 전개했고, 동아시아 지역특색의 협력이념과 발전이념을 부단히 탐색하고 실현했다고 했다. 그는 이러한 경험이 그대로 동북아지역의 협력에 거울이 될 수 있다고 여겼다.

상해 사회과학원 아태연구소 부소장인 왕소보는 피력하기를, 유럽공동체와 북미자유무역지역의 성공 경험이 있자, 지역협력은 현재 세계조류가 되고 있는 것 같다고 했다. 그러나 왕소보는 분석하기를, 동북아 각국이 경제발전수준이나 역사문화전통 그리고 이념과 정치제도 등의 분야에서 거대한 차이가 존재하므로, 해당 지역의 협력체제는 어쩌면 유럽연합이나 북미방식을 그대로 따르기는 어려울 것이라고 했다. 그는 또 지금 최대 문제는 지역 내 경제대국으로서의 일본이 동북아 무역협력 과정에서 인근 국가의 민중과 기업들의 충분한 신임을 그다지 얻지 못한 점이라고 주장했다.

한국의 대통령경제고문인 정문수는 말하기를, 상호이해와 신임을 증진시킨 기초 위에서 비로소 동북아경제의 번영을 실현할 수 있다고 했다. 또 만약 그 당시 불란서와 독일 양국 지도자가 역사에 대해 진솔하고 심도 있는 인식이 없었다면 유럽일체화는 그렇게 성공하지 못했을 것이라고 말했다.

제13과 계림의 산수

중국에 옛말이 있어, "어진 사람은 산을 즐기고, 지혜로운 사람은 물을 즐긴다"고 했는데, 마음이 좋은 사람은 산을 좋아하고, 머리가 총명한 사람은 물을 좋아한다는 의미입니다. 왜 이렇게 말할까요? 이것은 산이나 물의 특징과 관련이 있습니다. 산의 특징은 안정적이고 굳건해서, 마치 어진 사람과 같이 관대하고 든든한데, 물의 특징은 맑고 유동적이어서, 마치 총명한 사람처럼 기지가 있고 유연하다는 것입니다. 여러분, 말이 됩니까? 수천 년 전해져 내려온 말이니, 틀림없이 이치에 맞겠지요. 그렇다면, 오늘 저는 우리 이 여행단 친구들 중에 어떤 사람들이 어진지, 어떤 사람들이 지혜로운지, 어떤 사람들이 어짐과 지혜로움을 겸비했는지, 그리고 어떤 사람들이 어질지도 않고 지혜롭지도 않은지를 알 수 있으니 — 제가 감히 자신하는데, 우리 여행단에는 어질지도 않고 지혜롭지도 않은 분은 없을 겁니다. 왜 그럴까요? 우리가 오늘 갈 곳은 산이 있고 물이 있는 곳이니, 어질지도 않고 지혜롭지도 않은 사람이 우리 여행단에 참여할 리가 없습니다. 여러분들은 모두 좋은 분들이죠. 좋은 분들께서 여행 내내 평안하시기를 빕니다! — 혼자 북 치고 장구 치는 군요.

중국에는 대대로 "계림의 산수는 천하제일"이라는 말이 있습니다. 계림의 산수라고 하는 것은, 북쪽의 흥안에서 시작하여 남쪽으로 양삭에 이르는 이강의 강물과 계곡을 말합니다. 대략 2천 평방킬로미터 범위의 산수풍경을 말하는 것이지요. 이 일대는 전형적인 용암지대인데, 아담한 산들이 평지에 우뚝 솟아있어, 마치 칼이나 도끼로 깎은 듯합니다. 어떤 것은 죽순 같고, 어떤 것은 장검 같고, 어떤 것은 늠름한 대장군 같고, 어떤 것은 늘씬한 소녀 같아서, 다양하기 그지없습니다. 이곳은 아열대 다습 계절풍 지역이므로, 강우량이 충분하여, 산봉우리마다 초목이 무성하고 일년 내내 울창한 초록빛 경치를 보여줍니다. 강 양쪽의 초목 상태가 양호하기 때문에, 천만 개의 봉우리 사이를 굽이굽이 뚫고 가는 이강은, 강물이 매우 맑고, 산들바람이 불 때마다 물결이 비늘처럼 반짝입니다. 청산과 녹수가 서로 어울려, 몹시도 수려해서, 사람들로 하여금 돌아설 줄 모르게 하지요.

계림의 산수는, 특히 양삭 일대가 가장 아름다워서, "계림의 경치는 양삭에 있다"는 명성을 평소 누리고 있지요. 양삭현은 계림 동남쪽에 있습니다. 이강의 물길은 계림에서 양삭까지 83킬로미터에 이르는데, 계림 산수에서 중요한 위치를 차지하고 있습니다. 이 일대는 산봉우리가 우뚝하고 수려하며, 푸른 물이 그 사이를 굽이쳐 흐르고 있습니다. 계림에서 배를 타고 남쪽으로 향하면, 양안의 나무들이 울창하고, 푸른 대나무가 숲을 이루며, 봉우리들이 깎아지른듯 솟아있는 풍경이 눈에 들어옵니다. 산 사이의 가지런한 평지에는 널찍한 농토가 있는데, 가끔 일하는 사람과 일소가 드문드문 보이고, 파릇파릇한 들판에는 불현듯 초가집이 나타나니, 영락없는 무릉도원이요, 인간낙원이지요. 물살이 급한 곳에 이르면 "선상에서 산을 바라보니 달리는 말과 같고, 순식간에 수백 개의 봉우리가 스쳐 지나가는" 듯한 느낌이 들것이고, 기이함에 탄복하게 만듭니다. 물길 내내, 푸른 산과 맑은 물 이외에도, 깊은 못과 험난한 여울 그리고 폭포와 시냇물 등 아름다운 경치가 시야에 비쳐 들어옵니다. 강을 따라 내려가면, 마치 한 폭의 백리나 되는 산수화 두루마리가 서서히 눈앞에 펼쳐지는 듯해서, 아름다움을 다 감당할 수 없습니다.

당신이 배에서 내려 산을 오르면, 즉시 또 하나의 아름다운 경치를 만납니다. 적지 않은 산마다에는

다 대대로 남겨진 건축물과 절벽에 새겨진 석각 및 불상이 있습니다. 예컨대, 첩채산 풍동에는 송나라 때 조각품이 수십 점 있습니다. 칠성암 안에는 남송 문학가 범성대의 〈벽허명〉이 새겨져 있는데, 글도 좋고 글씨도 좋습니다. 복파산 환주동굴의 벽에 새겨진 송나라 때의 화가 미불의 자화상은, 풍모가 멋들어지며, 진귀한 회화사 자료입니다. 계림에서 가장 유명한 석각 구역은, 칠성공원 월아산 요광봉 남쪽 능선의 용은동과 용은암인데, 이곳은 석각이 밀집되어 "멀쩡한 벽면이 없어서", "계림의 비림"이라 명명되었습니다. 이런 동굴 벽면을 느긋하게 유람하게 되면, 당신은 조각 예술 및 명인의 시문과 서예 작품을 맘껏 감상할 수 있을뿐더러, 천태만상의 종유석 석순 종유꽃 종유장막 등을 실컷 볼 수 있습니다.

"강은 푸른 비단 띠요, 산은 비취빛 옥비녀 같다." 이것은 당나라 문학가 한유가 계림 산수를 유람한 뒤 남긴 시구입니다. 당신은 어떤 시구를 남기실 생각인가요?